Una cierta idea de mundo

Alessandro Baricco

Una cierta idea
de mundo

Traducción de Carmen García-Beamud

EDITORIAL ANAGRAMA

BARCELONA

Título de la edición original:
Una certa idea di mondo
Giangiacomo Feltrinelli Editore
Milán, 2013

Ilustración: © lookatcia.com

Primera edición: febrero 2020

Diseño de la colección: lookatcia.com

ISBN: 978-84-339-6447-2
Depósito Legal: B. 26948-2019

Printed in Spain

Liberdúplex, S. L. U., ctra. BV 2249, km 7,4 - Polígono Torrentfondo
08791 Sant Llorenç d'Hortons

PRÓLOGO

Hace diez años cambié de ciudad. ¿Y a mí qué?, diréis. Pues que allí dejé todos los libros que había leído hasta entonces para entrar en una casa en la que no había ni un solo libro mío. Con lo que ahora, aquí dentro, hay diez años de libros míos, mis últimos diez años. Los tengo colocados uno al lado del otro, no en orden alfabético o por tipología, sino según el orden en que los he ido abriendo (un sistema que, por cierto, recomiendo; en noches de aburrimiento, te pones a mirar los lomos y, echándole ganas, es como si revivieras fragmentos de tu propia vida, basta dejar que te vuelva la sensación de aquella vez que los tuviste entre las manos; y vuelve, vaya si vuelve). Esta es la razón por la que soy capaz de decir, con cierta exactitud, cuáles son los cincuenta mejores libros que he leído en los últimos diez años. Algo más difícil sería explicar por qué he decidido dedicarle un artículo a cada uno de ellos. Entregando uno a la semana, cada domingo, durante un año.

Para que otros también los lean, diría yo. Y ya con eso bastaría. Pero hay algo más. Por lo pronto me apetece hablar de libros en un momento en el que ya no parece tan importante contarse cuáles son buenos y cuáles no, discutir un poco, tomar partido. Resulta más fácil hacerlo hablando de cine o de política. Y sin embargo ahí están siempre los libros, a miles, y ahí siguen, exponiendo una sociedad de placeres pacientes que, silenciosamente, contribuye al desarrollo de la inteligencia y de la fantasía colectivas. Todo lo que se pueda hacer para dar relevancia a esta apacible liturgia, que se haga. Y aquí estoy yo, cumpliendo con la parte que me corresponde.

Pero al final hay también otra razón, que para mí es incluso más importante y que he tratado de resumir en el título de este proyecto que ha durado un año. *Una cierta idea de mundo.* El hecho es que me resulta cada vez más difícil expresar lo que veo cuando miro a mi alrededor; y concentrarme solo en una parte de este gran espectáculo no parece llevar muy lejos, uno acaba topándose con tecnicismos que enfocan el detalle pero pierden de vista el conjunto que lo integra, que es lo que en realidad importa. Por otra parte, ¿cómo puede uno estar callado con todo lo que pasa alrededor? Con mayor razón si eres alguien que se gana el pan trabajando con la inteligencia y el gusto. Es un lujo que no te puedes permitir. Y después me viene a la mente una cosa que he aprendido de los más mayores: si quieres saber lo que piensan del mundo, simplemente déjales hablar de lo que conocen y aman de verdad. (Pregúntales cómo se imaginan el Paraíso si quieres saber qué piensan de la vida; no sé quién lo dijo, pero es cierto.) Yo tengo dos o tres cosas que conozco a fondo y que amo con locura. Una de ellas son los libros. Un día se me ocurrió la idea de que si me ponía a hablar de ellos, de uno en uno, solo de los buenos, sin hacer nada más que eso, se me ocurrió que de ahí podía surgir una cierta idea de mundo. Con muchas posibilidades de que fuera la mía.

Así que aquí estoy. Quisiera solo puntualizar que habrá un poco de todo, novelas, ensayos, tebeos, libros recién publicados, textos quizás ya fuera de catálogo, basta que tengan forma de libro. Y quisiera también recordar que no son los

8

cincuenta mejores libros de mi vida, eso sería otra cosa, una especie de Canon personal que nunca se me ocurriría realizar; estos cincuenta son fruto de la casualidad, de lo que por azar he leído en un período de mi vida, solo eso. Para que nos entendamos, no estará *Viaje al fin de la noche* (ese lo leí cuando tenía veinte años). Ni *Anna Karénina* (que me reservo para alguna larga convalecencia, deseando entonces no tener que leérmelo nunca). Simplemente he elegido los mejores cincuenta libros de entre los que he leído recientemente, de los que hablo con los amigos cuando terminamos las discusiones sobre cine y política. Se merecían algo más.

A. B., noviembre de 2012

Andre Agassi
OPEN. MEMORIAS

«*Lo compré porque me lo aconsejaron dos amigos, los dos más jóvenes que yo y los dos guionistas. Hay que fiarse siempre de los guionistas, cuando leen.*»

No lo ha escrito él, de acuerdo. Lo ha escrito J. R. Moehringer, uno al que en el año 2000 le dieron el Pulitzer de periodismo y que objetivamente es un monstruo de la escritura. Pero no por ello hay que pensar que simplemente se haya limitado a hacer de *ghostwriter*. Ha conseguido darle a Agassi una voz (la vida ya la tenía, y vaya vida) y lo ha hecho con una endiablada habilidad narrativa. Resultado: Moehringer se te olvida inmediatamente y te ves viajando con un Agassi inesperado que no deja de hablar ni por un momento. Un tren del que ya no puedes bajarte hasta la última página. Tu familia se empieza a quejar y en el trabajo ya no das pie con bola.

En general, cuando un libro consigue obtener este tipo de resultado es porque contiene una de estas cuatro preguntas: ¿quién es el asesino?, ¿acabará el protagonista encontrándose a sí mismo?, ¿pero se casan al final?, ¿cuál de los dos gana? *Open* contiene tres de estas cuatro preguntas y las entrelaza estupendamente: uno queda atrapado sin posibilidad de escapatoria. (No hay ningún asesinato, pero, exagerando un poco, la idea de entrenar a un hijo de siete años lanzándole 2.500 pelotas al día es muy semejante a una especie de envenenamiento metódico, y esa era la idea de educación que tenía en la cabeza el padre de Agassi.)

Ahora que me he detenido a escucharlo, sé que Agassi ha vivido de la misma forma que jugaba al tenis, o sea, con los pies bien plantados en la pista para poder atrapar la pelota mientras sube (a todos se les da bien hacerlo cuando baja), imaginando todo a una velocidad impensable y coleccionando, a la vez, monstruosas estupideces y sublimes invenciones. Y mientras hacía todo eso intentaba darle también un sentido a su vida, lo cual es difícil de creer si se recuerda la imagen de ese payasete vestido con unos minishorts vaqueros y una cresta rosa que jugaba al tenis como un flipper. A no ser que abras el libro y le des una oportunidad. Al final se sucumbe, parecía idiota sí, pero no lo era. O al menos se llega a la conclusión de que era inteligente pero de un modo muy bárbaro y, por tanto, fascinante. Si el joven Werther hubiera nacido en 1970 en Las Vegas no habría sido muy diferente. Todo muy superficial, pero cuando, por ejemplo, te explica los fragmentos de vida que pueden viajar en una pelota de tenis que vuela sobre el cemento, sin ninguna profundidad, buscando obsesivamente las pocas líneas pintadas de blanco, te haces una idea, aunque sea muy física, de cómo el infinito puede correr por la piel del mundo sin tomarse la molestia de descender a ninguna parte, al subsuelo. Se necesita solo una mente igual de rápida y ligera, y después todo vuelve a su sitio.

Agassi tenía (tiene) una mente de ese tipo, y también la tenían (quizás de un modo un poco más rudimentario) los que estaban a su alrededor. (Gente capaz de soltar frases como esta: «Andre, algunas personas son termómetros, y otras, termostatos. Tú eres un termostato. Tú no señalas la temperatura que hay en una habitación, tú la cambias.» Brutal, simplista, pero también verdad de algún modo, y sobre todo muy útil si te lo dicen cuando estás a punto de salir por primera vez con la mujer de tus sueños.) Pelota tras pelota, las preguntas y las respuestas sobre la vida vuelan, haciendo saltar del cemento pensamientos, y al final hace que se asista a un único, grande y fascinante partido entre un chaval y el agujero negro que lleva dentro: que más o menos, se quiera o no, es el mismo partido que jugamos todos. He leído multitud de relatos, pero el de Agassi posee una belleza elemental y sintética que vale más de mil bordados literarios (novelas de ganchillo, no sé si me explico). Al final de su carrera, después de siglos ganando y perdiendo, después de haber vuelto a empezar de nuevo un par de veces y de mantenerse en la pista solo gracias a las inyecciones de cortisona, los periodistas empezaron a preguntarle por qué no lo dejaba. Era una pregunta pertinente, pertinentemente formulada a alguien que siempre ha pensado: «Odio el tenis.» He aquí la respuesta de Agassi: «Así es como me gano la vida. Y además todavía me queda juego. No sé cuánto, pero algo me queda.» Tengo en mente decenas de preguntas a las que me encantaría poder responder con una exactitud tan salvaje como esa. (Si alguien me preguntara por qué no dejo de escribir, se acabaría tragando una conferencia de media hora como mínimo.)

En conjunto, lo único que no me ha gustado tanto del libro es cómo termina. El héroe se casa, gana y se descubre a sí mismo. Final feliz, pero no es eso lo que no me ha gustado. Lo malo es que el héroe descubre el sentido de la vida cuando empieza a ocuparse de los demás, principalmente de sus hijos, pero también de otros que son otros *de verdad,* por ejemplo abriendo una escuela para niños que no tienen la posibilidad de estudiar. Voluntariado. Todos felices. Se cierra el telón. Y eso no me lo creo. Para mí, la búsqueda del sentido es una especie de partida de ajedrez, muy dura y solitaria, que no se gana si uno se levanta dejando el tablero y se va a preparar la comida para todos. Está claro que es bueno ocuparse de los demás y que es un gesto condenadamente justo y necesario, pero jamás se me ocurrió pensar que tuviera que ver realmente con el sentido de la vida. Temo que el sentido de la vida sea arrancarse la felicidad de dentro de

13

uno mismo, todo lo demás es una forma de lujo del ánimo, o de miseria, según el caso.

Por otra parte, existe también la posibilidad de que me equivoque. Es solo un pensamiento instintivo, un cierto modo de ver el mundo.

Isaiah Berlin
LAS RAÍCES DEL ROMANTICISMO

«Lo compré porque me interesaba el tema pero sin saber exactamente lo que estaba comprando. Es como si uno se mete en una iglesia, para refugiarse de un imprevisto chaparrón, y luego descubre que es de Borromini. La iglesia, no el chaparrón.»

A quienes el tema pueda parecerles exquisitamente académico, y por tanto consideren mejor evitarlo, vale la pena recordarles que, como le gustaba siempre decir a Berlin, el Romanticismo fue una impresionante revolución cultural que originó un nuevo modo de pensar y de vivir en Occidente. La última revolución antes de la de Bill Gates y Steve Jobs (esto lo digo yo, Berlin murió antes del iPhone). Durante al menos doscientos años hemos sido hijos de esa revolución, y ni siquiera hoy los más jóvenes podrían decir que no son frutos tardíos y surrealistas de ella. Se trata, pues, de un hito espectacular de la historia del pensamiento, ¿no es fascinante intentar entender quién se lo inventó y por qué?

Berlin tenía sus propias convicciones al respecto, imagino que discutibles, pero muy sensatas. Sabía exponerlas de un modo admirable, con tal claridad que esas clases (impartidas en Washington en 1965) se exhiben como si fueran sentencias definitivas. Así que se acabaron las excusas, porque sí se pueden explicar enormes mutaciones mentales y antropológicas contándolas como apasionantes y espléndidas aventuras de la inteligencia y sin que nadie se aburra. Lo normal es que el asunto se simplifique planteando por un lado la erudición académica y por otro la divulgación, aunque sea una forma imprecisa de exponer las cosas. Ahí entremedio cabe otra acción, formidable, y es lo que hace Berlin: diluir la erudición en el discurrir de una narración, trazando mapas en los que la complejidad se hace legible, ordenada y bella. No son muchos los que consiguen hacerlo, y eso explica que con frecuencia se prefiera creer que es imposible. Pero no lo es y este libro lo demuestra. Un libro que debería ser de lectura obligatoria para cualquier profesor que tenga que explicar el Romanticismo en la escuela, y que representa un deslumbrante placer para quienes quieran quedarse sin aliento sumergiéndose en la aventura de las ideas.

Son muchas las cosas que se aprenden (si no las sabes ya). Una de ellas es que el Romanticismo no fue una evolución de la Ilustración sino una furibunda, rencorosa y genial reacción a la misma. Otra es que el Romanticismo es una patente exclusivamente alemana, que luego los demás supieron copiar y vender a lo grande, empezando por los ingleses. Otra cosa más, especialmente desagradable esta vez, es que en las verdaderas raíces del Romanticismo se encuentran pseudopensadores populares nacidos en ambientes provincianos, cerrados, xenófobos, un poco *leghisti*[1] (por así decirlo), impregnados de una religiosidad oprimente y beguina. Para entenderlo mejor, si esta gente viviera hoy, serían las estrellas de la parrilla televisiva de las mañanas. Resulta increíble que de ahí se haya podido saltar hasta llegar a Goethe, Schelling o Hegel, una verdadera acrobacia. Decidme si no vale la pena que te lo expliquen, más aún si el profesor es alguien como Berlin. Dicho profesor, *en passant,* avanza con microlecciones memorables en las que incluye respuestas que nadie te había dado jamás, o preguntas que jamás habías oído, planteando una detrás de otra y dándole al término «aprender» su significado más preciso. Cuando llegas al final de esta prolongada emoción, inevitablemente te das

1. Partidarios de la Liga Norte. *(N. de la T.)*

cuenta de que sabes más que antes. Para mí es irresistible la página en la que dice de Bach lo que nadie se atrevió nunca a decir (un genio que no era lo suficientemente culto para considerarse genio). Pero también he subrayado con infinito deleite unas paginitas en las que, con toda inocencia, se explica por qué Hamlet, don Juan o don Quijote han llegado a ser los mitos que conocemos, cuando en realidad eran simples historias, personajes normales, simples árboles de un bosque, ni siquiera los más altos: me imaginaba legiones de eruditos desconcertados, y subrayaba como un poseso. Del mismo modo que tengo guardadas en un cajón las primeras páginas del libro, en las que Berlin nos enseña con pocos aspavientos lo que fue la Ilustración (uno no puede saber realmente quién es Batman si antes no ha entendido quién es Goblin). No son hazañas de las que hablan los periódicos, aunque sintetizar el mundo de la Ilustración en tan pocas páginas y con tal claridad es como uno de esos goles que, si tienes la suerte de estar en el estadio, no se te olvidan.

En cualquier caso, debo añadir que llevaría este libro siempre en mi corazón aunque no me hubiera enseñado nada simplemente por haberme regalado estas dos pequeñas pero espléndidas citas escondidas entre las líneas del texto. No las conocía y se las debo a Berlin. La primera es de Nietzsche y probablemente dice una cosa falsa, pero cuando pienso en la capacidad de conversar como en un arte, lo que imagino es gente que mientras carga la pipa con tabaco suelta frases como esta: «El hombre no aspira a la felicidad; solo los ingleses lo hacen.» Si os parece poca cosa, aquí va la segunda, que sí es inmensa y que fácilmente podría constituir el epígrafe idóneo aplicable a todo, y cuando digo *todo* me refiero tanto a un simple recuerdo que una persona pueda tener sobre su vida como al paisaje donde lo sitúe. Cuenta Berlin que un día le preguntaron a Novalis cuál creía que era el sentido de su arte y cuál era la meta a la que aspiraba. Era una pregunta un tanto genérica, pero en el fondo era una buena pregunta. Y esto fue lo que respondió: «Yo siempre estoy yendo a casa, siempre a la casa de mi padre.» Me quito el sombrero.

Elizabeth Strout
OLIVE KITTERIDGE

«Lo compré cuando Elizabeth Strout vino a la Holden a dar un curso, y me di cuenta de que yo era el único de la escuela que no había leído nada de ella. Lo cual no estaba nada bien.»

Existe también esta idea de literatura, que me es ajena, y que definiría así: recoger la asombrosa normalidad de los seres vivos, con toda la objetividad posible, limitándose casi a fotografiarla. Podría decirse que ya Balzac lo hacía, pero aquí se está hablando de algo más extremo: no hay trucos narrativos de por medio, y tampoco creo que el objetivo sea trasladar el caos indistinto de la vida al orden formal de una historia. Se trata de mirar y basta, dejando que la luz de los seres vivos imprima la película de la lengua. Muchas veces ni siquiera aparece la sombra de un juicio, y menos aún de cualquier tipo de moral. No parece importante que los asuntos sean o no ejemplares. Cada fragmento de vida retratado no es más que eso. Es el triunfo de la realidad por encima de toda intención.

Era muy pequeño cuando me topé por primera vez con este tipo de literatura. Sin saber muy bien por qué, me regalaron un volumen con los cuentos completos de Chéjov. Me enfurecía que muchos de los cuentos ni siquiera tuvieran un final. Ese hombre se limitaba a recortar al azar fotogramas de la primera película que le pasaba por delante, y pensaba que eso era escribir. Era tan absurdo que no podía dejar de leer, como alguien que no consigue resolver una ecuación y sigue intentándolo toda la vida.

Ahora sé que, en esa particular idea de literatura, Chéjov fue el más grande, y, con el tiempo, me ha alegrado descubrir que sus cuentos han originado toda una selva de libros que casi siempre he amado, pero de lejos, como se puede amar un lugar en el campo al que no te irías a vivir ni muerto. Me he dado cuenta, además, de que el formato perfecto para este tipo de trabajo artesanal es el cuento y no la novela, y que los grandes maestros del género son ingleses y americanos, y algún que otro bala perdida oriental. Los demás lo intentan pero es como oír a un noruego cantando «'O surdato 'nnammurato». Otra cosa evidente es que, durante mucho tiempo, esta particular forma de artesanía se ha empeñado en lograr una meta sublime y para mí tristísima: hacer que la voz del narrador desaparezca. Existe una lógica que ya se intuía en Chéjov: si lo que quieres es una pura reproducción de la realidad, el escritor tiene que quitarse de en medio por fuerza. Desaparecer por completo. Si uno toma esta dirección y no se para por el camino, acaba llegando al Carver que Gordon Lish maquilló. Y ese ha sido, durante no poco tiempo, el modelo absoluto. La perfección a la que aspirar.

Ahora las cosas han cambiado un poco, y el límite de la proeza está volviendo atrás, como una ola que rompe en la orilla, hacia intenciones más humildes. La idea sigue siendo dejar que la realidad imprima por sí misma la película, pero de nuevo a través del filtro de cierta temperatura, algún color cálido, algún enfoque poco natural, una voz fantasma. Siguen siendo fotos, pero la mano del fotógrafo se nota, y vaya si se nota. Hay veces que no es agradable, pero otras resulta encantadora. De lo que se trata es de conseguir un equilibrio entre mutismo y voz, entre frialdad y compasión, y además hacerlo bien, con elegancia y precisión: una verdadera proeza, y es entonces cuando llegamos a la Strout. En mi opinión, ella es lo mejor que hay en ese tipo de equilibrismo, sin contar a los muertos. Ella y la Munro (dos mujeres, y no creo que sea una casualidad). (Ah, aprovecho la ocasión para decir que el mandamiento feminista según el cual no se debería poner el artículo delante del nombre de mujeres –*la* Merkel, *la* Woolf– es una auténtica gilipollez.)

Uno no puede mirar las fotografías contenidas en *Olive Kitteridge* (cuentos disfrazados de novela) sin conmoverse, aunque no sepa muy bien por qué. Todas sacadas en un pueblo perdido de la costa atlántica americana. Pequeño mundo, historias gigantescas o mínimas, de esas que se cuentan en la peluquería. Casi todos los personajes fotografiados son ancianos, o personas al borde de la jubilación, o algo así. Hay que verlos, arrebujados en esa piel de papel cebolla, mientras los latidos del corazón hacen de espía, en parte atentos a un posible infarto, y en parte reconociendo, estupefactos, la obstinada epifanía de deseos a destiempo. Son magníficos cuando se inclinan sobre el libro maestro de la vida de cada uno, calculando, haciendo la suma de los recuerdos, una cuenta que nunca les cuadra. Incuban remordimientos para los que ya no tienen tiempo y nostalgias difíciles de recordar. Leen el periódico, consternados por haber olvidado cuándo fue el momento exacto en que dejaron de tener sus propias opiniones. De vez en cuando suena el teléfono, quizás es uno de los hijos, ya mayores, pero casi nunca lo es, y entonces vuelven arrastrando las zapatillas por sus pequeñas casas, que el silencio y las habitaciones vacías han hecho enormes. Aun así son capaces de reír, todos poseen un secreto que los arropa en el invierno de ese crepúsculo, y todos saben que es un don, cada paso de la vida, como también lo es el amarillo del bosque o el azúcar de la rosquilla. Hay uno que se llama Harmon, y en un momento dado se le ocurre ponerse a pensar en Dios: «como si fuera una hucha que él mismo había puesto en lo alto de una estantería y que ahora vuelve a coger para observarla con ojos nuevos, más atentos».

No sé si la Strout los ha conocido, yo sí lo he hecho, y eso es lo hermoso, es como si hubiera estado allí. Ella los ha

21

fotografiado para mí, con una lente cuyo secreto ignoro, y ahora podría reconocer el olor de sus casas, y saber que son ellos simplemente por la forma en que llaman a la puerta. Los dejaría entrar todas las veces que vinieran porque el resplandor de su penumbra es una de las cosas que me podrá suceder cuando sea demasiado tarde para un montón de cosas y demasiado pronto para la única que da miedo de verdad. Por otra parte, no es necesario decir que se me ocurren planes mejores.

Richard Brautigan
AMERICAN DUST

«Me lo recomendó un amigo guionista. Creo haber dicho ya que los guionistas raramente escriben buenos libros, pero en cambio sí que los leen, no sé por qué.»

Novelas de este tipo se pueden escribir solo si has vivido lo más oscuro de la derrota, o si estás ya muerto. Esa apacible intensidad y esa convaleciente economía de palabras no pueden lograrse si todavía estás vivo, o has triunfado en la vida. Para gritar de ese modo en voz baja, tienes que estar acabado. Entonces obtienes la recompensa de una placidez infinita.

Brautigan escribió *American Dust* en 1982, algún tiempo después de caer en el olvido y dos años antes de pegarse un tiro con un fusil del calibre 44. En los años sesenta fue una estrella, al menos en Estados Unidos, y sin duda en el mundo que parió a la generación beat. Una década después se terminó todo. Su obra maestra se titula *La pesca de la trucha en América*. Nunca pude pasar de la página 20 (debo aclarar que no hago uso de sustancias estupefacientes, nunca). En realidad, es toda esa cultura de la generación beat lo que jamás me interesó. Para mí *On the Road* es de un aburrimiento mortal. Sin embargo, un día me llegó a las manos esta pequeña novela (que además tenía unos espléndidos bordes rojos en las páginas y un montón de pequeños detalles editoriales que me gustaron mucho) y me propuse leer un par de páginas para no quedar mal. Solo que no quedó ahí la cosa. Me acuerdo de llegar al final, cerrar el libro y tenerlo un rato dándole vueltas entre las manos. Me quedé ahí inmóvil, en la privada y solitaria liturgia de la lectura, como la *standing ovation* en el teatro.

Lo dicho, un libro póstumo como la piel de los ancianos. Frases en su mayoría muy breves, párrafos de cinco líneas y cien páginas en total. Se percibe perfectamente el cansancio de la pluma, con lo que cada oración bien escrita es como cada escalón que se sube después de ser operado del fémur. Te da la sensación de que si se pone a correr un poco más o alza el tono de voz, termina con fiebre. Hay un niño y hay un lago. El niño tiene doce años, el lago es uno de esos pequeñitos donde se va a pescar de vez en cuando. Oregón, 1948. Hay dos tipos raros –gordísimos, una pareja, él y ella– que cada día van al lago en una furgoneta hecha polvo de la que descargan todo el mobiliario que se han traído de casa (sofá, sillas, dos mesitas, lámparas, fotografías enmarcadas que apoyan en las mesitas, una estufa), luego se sientan en el sofá y se ponen a pescar. El niño los ve desde la otra orilla del lago. Un día decide ir a verlos de cerca. Posiblemente quiere saber quién diablos es esa gente. Y lo hace. Fin de la historia.

Ahora bien, en el tiempo que tarda en recorrer la mitad del lago ocurren muchas cosas, en cierto sentido toda la vida del niño, según lo que él cuenta. Pensándolo bien, todo es una cuestión de muertos. De principio a fin aparece continuamente la muerte, incluso del modo más casual (el niño no lo hace adrede, lo de irse a vivir encima de una tienda de pompas fúnebres). Y no tendría que ser así, porque a los doce años uno está muy ocupado descubriendo qué es la vida, constatar el curioso epílogo de la muerte no constituye la prioridad del momento. Pero este chico de Brautigan viene de ese momento de la vida en el que se hallaba Brautigan cuando quiso recordárselo a sí mismo y contárnoslo. Estaba al borde del abismo con su fusil calibre 44, y eso se nota. Así que tenemos al niño, y todo el resto sabe a derrota, pobreza y muerte.

Claro que dicho así da una idea equivocada. Si os estáis imaginando un libro tétrico y cenizo, no es lo que quería transmitir. Porque el corazón de *American Dust* reside en otras dos cosas, que resultan irresistibles. La primera es que el niño siente amor por todo. Con ello quiero decir que nada le produce rechazo y en muchísimas cosas él ve solo el encanto de la belleza. Casi nada tiene sentido en su vida, pero hay mucha belleza a su alrededor, en su vida. Ningún sentido, mucha belleza. Hay un tipo en el lago que se ha construido una cabaña y un embarcadero, las dos cosas con madera reciclada, y en el embarcadero tiene atracado un barquito también construido por él, una obra de arte, algo fantástico, deberíais ver los detalles. Nunca he visto a ese tipo desamarrar el barco del embarcadero, dice el niño. No creo que lo haya utilizado ni siquiera una vez, dice. Ningún sentido, mucha belleza (yo habría optado por esa forma que tiene el tipo de estar en el mundo, pero no ha podido ser).

La otra cosa es que *American Dust* hace reír mucho, pero mucho de verdad y de una manera que solo conoce quien lee libros, te ríes por dentro. Desde fuera creo que no se ve absolutamente nada. Pero por dentro te ríes muchísimo. Si te pones a pensarlo eso es algo que ocurre solo con la lectura. Es decir, cuando estás en medio de la gente sucede lo contrario, te ríes por fuera aunque no te estés divirtiendo precisamente, lo haces por cortesía, o simplemente por respetar un código. No vas a una cena y te la pasas riéndote por dentro. En cambio cuando lees sí que lo haces, si quien escribe es buen escritor. Tiene que ser lo suficientemente gracioso para hacerte reír por dentro, pero también tiene que saber detenerse un momento antes de hacerte reír a carcajadas por fuera. Es una técnica. Creo que fue Dickens quien la inventó. Salinger la llevó a su culmen. A su modo, Proust no estaba mal. En Italia, Gadda por encima de todos. Entre los vivos, Vonnegut, que para mí nunca murió.

Me he perdido un poco. Quería decir que este libro está escrito con una magnífica levedad, y una tristeza que no es triste jamás.

Pierre Hadot
EJERCICIOS ESPIRITUALES Y FILOSOFÍA ANTIGUA

«Me obligó a comprarlo una amiga que en cuestión de ensayos no se equivoca nunca. De hecho, no se equivocó.»

De acuerdo, el título suena siniestro. No tanto por la referencia a la filosofía antigua (que de por sí es un argumento de enorme atractivo) como por lo de «ejercicios espirituales», que induce a recuerdos no necesariamente alegres. Pero Hadot es uno de esos viejos maestros que dejan huella, tanto es así que si yo tuviera que explicar qué es la filosofía no se me ocurriría nada mejor que coger estas páginas y ponerme a leerlas, lentamente, en voz alta. Estoy seguro de que muchísimos estudiantes dejarían de agonizar en clase de filosofía solo si les diera por meter la nariz ahí dentro.

Lo que entenderían sería esto: en su origen la filosofía no era tanto una forma de pensar para conocer como un modo de vivir para ser feliz. Tal y como os lo digo. Era una praxis cotidiana, no un trabajo cerebral. No quisiera exagerar, pero era algo mucho más afín al yoga que a la lógica. O como dice Hadot: era una forma de *curarse*. Curarse de la infelicidad, una enfermedad que todos conocen. Estoicos, epicúreos, Sócrates, Platón, Aristóteles, gurús que no enseñaban teorías abstractas sino más bien una vía, una disciplina, un estilo de vida que permitiera salir ileso de las trampas de la existencia. Actualmente, en los libros de texto, estos autores ya no se estudian siguiendo el curso de sus pensamientos, lo cual es un sistema impreciso que, según Hadot, hace que se pierda la parte más interesante del asunto. Y ello porque el pensamiento era solo una parte de una actividad mucho más articulada que podríamos definir

27

así: el intento de encontrar en uno mismo el equilibrio justo que lo proteja del dolor y del miedo. La especulación intelectual era importante, pero también lo eran otros ejercicios, que efectivamente podríamos definir como «espirituales», a través de los cuales cualquier persona podía aspirar a su salvación. Meditar, caminar, leer, cumplir con las propias obligaciones, saber gobernarse dentro del laberinto de los sentimientos, escuchar, cultivar amistades, dialogar... Ejercicios del alma, ejercicios espirituales. Hadot cita una fulminante frase de Plotino muy esclarecedora a este respecto: lo que tiene que hacer cada uno es *esculpir su propia estatua*. No debe entenderse en un sentido berlusconiano (ponerse en un pedestal, menos mal que tenemos a Silvio), sino de un modo más sutil. Es importante recordar que la escultura para los griegos era el arte de la sustracción, la habilidad manual con la que obtener una figura a partir de un bloque de piedra, mediante sucesivas sustracciones. Y eso es exactamente lo que enseñaban estos celebérrimos gurús: trabajar sobre uno mismo, eliminando todo lo falso o inútil que se nos haya pegado para al final poder liberar lo que realmente somos, en la imperturbable consistencia de la grandeza del existir. Entonces llegaremos a ser verdaderos sabios, que no se refiere a alguien que lo sabe todo, sino a alguien al que ya nada le da miedo. Alguien que se ha curado.

A continuación Hadot explica cómo se ha llegado a hacer de la filosofía una actividad puramente teórica y especulativa y que solo recientemente (con Nietzsche, Bergson y los existencialistas) se ha producido de nuevo un acercamiento a esa idea auroral de filosofía como conversión, curación y praxis de salud mental. Una magnífica guía cuya lectura aconsejo a todos, pero que ahora dejo a un lado porque es otra cosa la que quiero decir, algo de enorme valor para mí. Justo al principio de uno de sus ensayos Hadot selecciona una cita a la que debía de tenerle mucho cariño, procedente de un sociólogo francés, Georges Friedmann. Es evidente que la puso ahí porque creía que algo debía recuperarse de las antiguas lecciones de los filósofos griegos, como la herencia de un deber, como el descubrimiento de una praxis. Tenía en mente cierta idea laica de ejercicio espiritual, cotidiano, paciente y fructífero. Debía de parecerle fundamental para quien considerara importante el hecho de estar en este planeta con dignidad. Y para explicarla se sirvió de las palabras de Friedmann. Las recorto un poco y os las transcribo aquí porque vale la pena.

«Emprende el vuelo cada día. Al menos durante un momento por breve que sea, mientras resulte intenso. Cada día debe practicarse un "ejercicio espiritual", solo o en compañía de alguien que también aspire a mejorar. Escapar del tiempo. Esforzarse para escapar de las propias pasiones, de la vanidad, del afán de notoriedad en torno al propio nombre. Huir de las malas lenguas. Dejar a un lado la piedad y el odio. Amar a todas las personas libres. Semejante tarea en relación con uno mismo es necesaria, así como es justa semejante ambición.»

Si le lees estas líneas a un bárbaro te tomará por tonto, soy consciente de ello. ¿Ejercicios espirituales? Lo entiendo. Aunque la cita no acaba ahí, hay tres líneas más, tremendas, que han sido escritas precisamente para el bárbaro, y no solo para él, también para mí y para todos los que nos consumimos en el extremo y legítimo deseo de revolucionar el mundo. Tres líneas que explican por qué, contra toda apariencia, *esa tarea en relación con uno mismo es necesaria, así como es justa semejante ambición.* Y lo hacen de manera muy simple, se limitan a recordarnos algo de lo que nos hemos olvidado por completo, casi todos, y algunos incluso con un pasotismo insoportable. Friedmann las escribió en 1977, lo cual explica una determinada referencia a la política, entendiendo el

29

término «política» en su sentido más amplio. Dicen lo siguiente: «Son muchos los que se vuelcan por entero en el militarismo político y en la preparación de la revolución social. Pero pocos, muy pocos, los que, como preparativo de la revolución, optan por convertirse en hombres dignos.»

Per Olov Enquist
LA VISITA DEL MÉDICO DE CÁMARA

*«Estaba curioseando en una librería. El azar y una solapa bien
escrita me llevaron ante esta historia que nunca más he podido
olvidar.»*

Todo sucede en el pequeño reino de Dinamarca, durante la segunda mitad del siglo XVIII. Reinaba Cristián VII, un
joven de cuya demencia nadie dudaba y por tanto incapaz de
desempeñar, con la necesaria coherencia, las funciones más
elementales de la soberanía. Así que buscaron a un médico
que pudiera reducir los daños con alguna cura. Encontraron
a un alemán que se llamaba Friedrich Struensee. Un médico brillante, hábil y educado en el credo de la Ilustración.
Tomó al rey en sus manos pensando que «locura» era un término demasiado conciso para definir lo que podía suceder
en el cerebro de un hombre, y sobre todo de ese hombre. Lo
ayudó a navegar de modo aceptable por la superficie de las
cosas y con ello se ganó su plena confianza. No tardó mucho
en convertirse en el amante de la reina, en la persona más in-
fluyente del reino y en el hombre que involucró a Dinamarca en la más efímera e increíble de las revoluciones ilustradas
que la historia recuerde. Murió decapitado un par de años
después, considerado culpable del delito de lesa majestad.

Hasta aquí los hechos. Después hay que saber contarlos,
si lo que se pretende es hacer una novela.

Per Olov Enquist es un narrador exquisito y en este particular oficio (destilar historias de la historia) es, según yo lo
veo, uno de los mejores. Hoy, a sus setenta y siete años, este
sueco es conocido por su compromiso político. No sería de
extrañar que antes o después le concedieran el Premio Nobel.

31

Pero, aparte de esto, escribe de un modo claro, con estructuras nítidas y para nada banales, en una medida justa y con cambios de ritmo propios de un joven. Rara vez fuerza las cosas y con frecuencia parece solo seguirlas como muy pocos escritores saben hacer. Tiene un timbre de voz cuyo secreto aún no he podido descubrir; es como si comenzara con la frialdad propia de un parte médico que después se va calentando al fuego lento de su maravilla personal. El resultado es inusitado: es como oír a un notario leyendo un testamento, solo que ese testamento es el suyo y entonces la voz se vuelve más cálida, y cada palabra se llena de cosas, y el conjunto es algo irrepetible, ordenado pero irrepetible. Una cosa en particular he de reconocerle aunque sea con envidia, y es que tiene un modo desconcertante de captarte, allá donde estés, y de ponerte en medio de la historia que te está contando. Son muchos los que saben hacerlo, pero él lo hace de forma sosegada, como un modesto artesano, y te pilla por sorpresa. De repente te encuentras ahí en medio, totalmente en medio, sin ni siquiera haberte dado cuenta de que alguien te cogió de la mano y te metió dentro de un juego del que nada sabías. Tú entonces déjale jugar y ya verás qué gran placer.

La visita del médico de cámara es probablemente su libro más logrado, pero no es solo por eso por lo que me ha gustado tanto hasta el punto de hablar hoy de él. Es también porque encierra una fantástica lección sobre la Ilustración (precisamente por eso, si de paso os puedo dar un consejo, supone un complemento ideal a la lectura del libro de Berlin sobre el Romanticismo). Es posible que nunca haya entendido de verdad la fuerza utópica y la locura visionaria de las ideas de la Ilustración hasta que he leído este relato de Enquist sobre la efímera revolución danesa de Struensee, hasta que no me ha hecho ver tan de cerca la realidad de un país al que, en pocos meses, le dieron la vuelta como a un calcetín, bajo la sacudida eléctrica de los temerarios ideales de libertad, racionalidad y naturalidad. Un espectáculo sublime y grotesco. Una especie de Mayo del 68 de porcelana. No os podéis hacer una idea de cómo de repente cientos de páginas leídas y entendidas me cayeron encima de nuevo, pero vivas, e incluso un poco incandescentes. Como os digo, una lección.

Ocurre además que, como en todos los libros, hay siempre una página o unas pocas líneas que se te quedan grabadas para siempre. Yo tengo una escena de *La visita del médico de cámara,* que habré contado ya mil veces y que obviamente no puedo dejar de contar aquí. Es solo una conversación telegráfica, aunque precisamente son estos pequeños detalles los que distinguen a un narrador. Se trata de una escena entre Struensee y la reina. (Se llamaba Carolina Matilde, tenía veinte años, era inglesa, y aparentemente tenía el encanto y el carácter de una berenjena. Pero solo en apariencia.) Al principio los dos se detestan. Luego sucede algo. Struensee, entre otras pasiones, tenía la de montar a caballo, y la reina en un momento dado, dejando a un lado su soberbia, le concede el privilegio de enseñarle a montar. Eligen para ella un caballo dócil, y en la imperturbable belleza del parque de Bernstorff Struensee la coge de la mano y acepta ser su instructor. Era un hombre que, en dieciséis meses, consiguió transformar una monarquía oscurantista en un paraíso de libertad, igualdad e inocente delirio. Sabía elegir las palabras para resumir el mundo.

«–La primera regla es la *prudencia* –dice.

–¿Y la segunda? –le pregunta ella.

–*Audacia* –responde Struensee.»

Fin. Os lo he dicho, es solo una conversación telegráfica. Pero, ahora que os la he regalado, aplicadla a cosas menos obsoletas que la equitación y os prometo que os será increíblemente útil.

Paolo Villaggio
FANTOZZI TOTALE

«Fui a por él inmediatamente cuando me enteré de que, por fin, alguien había decidido llevar a las librerías al contable más famoso de Italia.»

No es por exagerar, pero si existe algo denominado literatura italiana este libro forma parte de ella. Escribir libros que hagan reír mucho es posible, pero no siempre conduce a hacer literatura. Paolo Villaggio, a finales de los setenta y principios de los ochenta, sí que lo logró, y ahora está bien que le sea reconocido con el debido entusiasmo. Antes que él, Guareschi. Antes que Guareschi, Achille Campanile. Probablemente sea esta la columna vertebral de la literatura humorística italiana.

No es por exagerar, pero Fantozzi era genial, sin más. Son muchas las veces que he tenido que oír cómo lo elogiaban con una frase que a mí me suena como una auténtica patada en el culo. Decían de él que era el puro retrato de cierta parte de Italia. ¡Bah! Yo en eso siempre he estado condicionado por un prejuicio al que le tengo mucho cariño y es que no creo que se haga literatura para retratar una determinada realidad local, ya sea un barrio o un país. No creo que Dickens sea considerado uno de los grandes por sus retratos del Londres del siglo XIX. De hecho, si leo en la solapa de un libro que la novela en cuestión promete el admirable retrato de una determinada realidad campesina, salgo corriendo. Y lo hago con mucho respeto, pero es que no puedo dejar de pensar que hacer uso de la literatura para describir el país, pueblo o nación que sea es como llamar a Sherlock Holmes para que averigüe dónde demonios están las tijeritas para las uñas. Búscalas tú, te diría yo. Haz buen periodismo, te diría, si de lo que se trata es de escribir sobre Italia. Deja que los libros, en su acepción más ambiciosa, se ocupen de otras cosas. Paolo Villaggio, por ejemplo, se ocupaba de esa otra cosa. *Fantozzi* retrata una determinada realidad italiana pero la deforma de un modo excelente, la recrea con ingenio surrealista y nos la devuelve de modo inservible; de ahí su enorme valor, una visión. Lo hace con una técnica que ahora nos parecerá banal, porque ya forma parte del sentido del humor de los italianos, pero que no existía antes de Paolo Villaggio. O al menos nadie hasta entonces la había llevado a esos extremos de detalle y virtuosismo. Villaggio utilizaba una sintaxis pobre con frases esenciales y un aplomo inglés que ya le habría gustado a Chesterton. El punto de partida era la simplicidad más absoluta, una prosa tan lisa como el rostro de Buster Keaton. En ese contexto, pobre de por sí, Villaggio se valía de una potente munición que en poquísimo tiempo transformaba el todo en hipérbole y en visión. Era una continua, efímera y gloriosa venganza contra la realidad. Lo que pretendía era mandarla a tomar viento para que su lugar lo ocupara el surrealismo, una operación que Villaggio podía llevar a cabo con una velocidad asombrosa. A veces le bastaba un nombre. *Pier Ugo Serbelloni Mazzanti Vien dal Mare.* Hecho. *Dr. ing. gran ofic. homb. lob. Lorenzo Folchignoni.* Hecho. *Duque Pier Carlo ingegner Semenzara.* Hecho. Pero también su mujer: *Pina.* Hecho. Eso no son nombres, son relojes de Dalí (salvando las distancias).

Usaba los adjetivos como Dios. «Mientras que la Pina se desnudaba, a él le vino la delicadísima arcada de siempre.» Suprimid «delicadísima» y os hallaréis ante un cinepanettone.[1]

---

1. Se refiere a las comedias de risa fácil y cuyo estreno suele hacerse en Navidad, de ahí lo de *panettone. (N. de la T.)*

Pero el delicadísimo está ahí y es un minúsculo contramovimiento que, como veis, suena genial. (Es el mismo truquito del clásico «No me siento demasiado bien». Y luego se desmaya».) A veces utilizaba adjetivos inesperados o fuera de lugar que combinados con el sustantivo perjudicado han terminado convirtiéndose en expresiones únicas, exentas de cualquier análisis gramatical y grabadas para siempre en la memoria colectiva: el trágico espigado siberiano, el chisporroteo izquierdo, los pantalones axilares. Nombres, todos ellos. Adoraba los números, porque ahí la multiplicación de la realidad en su proyección fantástica era inmediata, y acientífica, por así decirlo. Para mí será siempre emblemática la fantástica distribución del Hotel Italia-Sassolungo, «en cómodas habitaciones de dos, cuatro o dieciséis camas». Como naturalmente no es posible olvidar el resultado del partido de fútbol entre cuarentones (38 a 24) o la duración del aplauso tras la interminable «Para mí *El acorazado Potemkin* es una enorme gilipollez» (92 minutos). Adoraba también hacer listas, antes de que se convirtieran en algo serio, probablemente porque en el ajuste de la sintaxis la explosión de lo surrealista resultaba inmediata, ni siquiera era necesario encender la mecha. Excursión a caballo: «Equipamiento de Fracchia: botas de la Primera Guerra Mundial, gigantescos pantalones axilares a lo zuavo, casco colonial, chaqueta azul cruzada primera comunión y guantes de violinista. Equipamiento de Fantozzi: zapatillas de montaña con clavos modelo 1906, calcetines cortos, bañador a cuadros escoceses, chaqueta de frac con cola de golondrina, yelmo alemán residuo de guerra, guantes de violinista.» (Ni un verbo, ni una mecha.) (Y no creo que sea necesario explicar por qué *los guantes de violinista,* por sí solos, valen ya el precio del libro.)

¿Y qué tiene que ver Italia?, termina preguntándose uno, y quizás ahora entendáis mejor que la pregunta no es ninguna tontería. No estaba contando un país (o tal vez sí, pero solo como pretexto, como motor de arranque). Lo que sí hace es usar la lengua italiana como si fuera de goma, creando unas acrobacias léxicas que después nosotros hemos repetido mil veces. Y luego relata, sí, pero es otra cosa lo que cuenta. Si un niño me viniera con *Fantozzi* en la mano (el libro, digo) y me preguntara directamente: «¿De qué trata?», yo sabría la respuesta. De la tristeza, le diría. Pero haciéndote llorar de risa, podría añadir. Aun así, en este sentido y técnicamente hablando, el relato obra maestra de Villaggio es, en mi opinión, *Invito in società,* y el que mejor recoge el *quid* de la cuestión es *La Pina si innamora.* Empieza con dos atmósferas de presión vesical y termina con una diarrea bíblica. En medio, la tristeza. Una inconmensurable, incorregible, inevitable e impetuosa tristeza. No creo que haya nadie, con un mínimo de sensibilidad, que pueda llegar al final sin lágrimas en los ojos. De qué tipo, es difícil decirlo.

Antonio Pascale y Luca Rastello
DEMOCRAZIA: COSA PUÒ FARE UNO SCRITTORE?

«Comprado, a pesar del título, porque esos dos me habían sorprendido ya otras veces, con ese modo de pensar tan poco servil que tienen.»

A Pascale y Rastello los invitaron a la Biennale Democrazia de Turín, y ellos fueron. Evidentemente había que hablar del papel de los intelectuales en la defensa de una convivencia civil digna, y ellos, de uno en uno, lo hicieron. Luego salió este librito, con el texto de las dos intervenciones, y a mí ahora me gustaría poder explicar por qué se me reveló como una especie de sintético y apasionado manifiesto de un pensamiento hoy minoritario, que llevo en el corazón y que considero valiosísimo.

Dicen, los dos, que ya está bien, y concretamente que ya está bien de que los intelectuales se dediquen en cuerpo y alma no ya a acuñar principios o descifrar hechos, sino a confeccionar espléndidamente principios y hechos ya preparados. Antes al menos cocinaban, tal vez de manera desastrosa, ahora se dedican a servir las mesas, y los platos son lo que son. Cuando va bien, dicen Pascale y Rastello, los hechos y los principios sobre los que se trabaja son superados, cuando va mal son simplemente falsos. Son esos que al público le encanta que le repitan, los que crean un genérico consenso democrático, los que suben la audiencia, los que sirven para reagrupar a la alocada muchedumbre o para mantener el orden en los segmentos de mercado. Son asumidos como remedios sanitarios sobre los que no hay que hacerse demasiadas preguntas y luego se desencadena el esplendor de la inteligencia para rediseñarlos en formatos cada vez más convincentes y sorprendentes. Y eso sería hacer de intelectual. Repetidores de genio. Se parte de lo obvio y con una buena mezcla de retórica, narración y brillantez intelectual se obtiene un producto que parece nuevo, pero que no lo es. Éxito asegurado.

No escatiman ejemplos, ninguno de los dos autores, desde frases comunes hasta programas televisivos buenistas, desde lo inútil de los festivales culturales hasta lo absurdo del mito biológico, hay para todos (incluso para mí, pensé: hay que ver lo que dicen del vicio de la narración). Al final, el mejor ejemplo lo pone Pascale, y me parece delicioso que sea un ejemplo autobiográfico, ya que el escritor-camarero al que pillan con las manos en la masa es él mismo. Sucede que lo mandan a una favela de Río, a Pascale, y le dicen que describa todo lo que allí ocurra. Él hace lo que le piden y en un momento dado cae en una típica magia de escritor: queda hipnotizado por un fragmento, por una pequeña imagen en la que ve toda la historia que quiere contar resumida en un icono. El fragmento es un cable de la luz, uno solo, que cuelga al aire libre entre dos palos, y, pegados a ese cable, decenas de otros cables ilegales que roban energía y la llevan a las chabolas de alrededor. Es poco más que un fragmento, pero si eres un escritor es justo lo que estabas buscando. Ahora hay que contarlo. Dicho y hecho: e incluso el mirar hacia lo alto, al cielo, se ensuciaba con esa tela de araña ilegal, en la que quedaba atrapada cualquier esperanza.

De vuelta en casa, Pascale fue de un lugar a otro presentando su reportaje y no tardó mucho en entender que esa imagen decorosamente poética gustaba mucho al público, se le quedaba grabada en la memoria, parecía que sintetizara perfectamente la idea de lo que la gente se esperaba de una favela. Así que le pareció natural utilizarla a menudo, y siempre que lo hacía percibía el éxito y disfrutaba de las miradas hechizadas de los espectadores. Hasta aquí todo bien. Pero después, un día, Pascale asiste a una conferencia de un antropólogo americano sobre las favelas (el tema lo apasionaba, evidentemente). En un momento dado el antropólogo muestra una diapositiva y Pascale se ve delante de su poste de la luz, de la tela de araña y del cielo oscurecido. Vaya, piensa. Y mientras lo está pensando, el antropólogo pasa otra diapositiva en la que se ve lo que Pascale nunca se había preguntado, es decir, *adónde iban a parar todos esos cables*. En la diapositiva había una niña que de noche, despúes de un día de trabajo, y bajo esa luz robada de una lámpara ilegal, trataba de arrebatarle un futuro a su propio destino. Qué idiota, pensó Pascale. Y no se refería precisamente al antropólogo.

Moraleja: nos detenemos en la imagen poética que no incomoda a nuestros prejuicios y no nos atrevemos a seguir el cable para ver lo que realmente ocurre en el otro extremo. Vale más una imagen bonita que una imagen verdadera. Tienen más audiencia las palabras clave puestas maravillosamente en escena que la expresión pura y simple de la realidad. El ejercicio de la inteligencia y del gusto, prerrogativa de los intelectuales, se dedica a representar pensamientos ya dados por descontados y se interesa cada vez menos por llegar a pensamientos incómodos.

Y sin embargo sería necesaria *gente que supiera medir,* dicen Pascale y Rastello. Sería necesaria más *precisión.* Serían necesarios pensamientos escabrosos, ásperos. Sería necesario diseccionar en lugar de contar, y comprobar en vez de repetir. Sería necesario destripar los fetiches y desmontar las miradas. Sería necesaria gente que da nombres, mide cantidades y pone en fila causas y efectos. Nos haría falta gente lúcida que trabajara a la sombra. Eruditos que renegasen de los prejuicios y estudiosos que reconstruyeran los hechos. Nos harían falta intelectuales que se bajaran del escenario y se pusieran a hacer su trabajo. Eso dicen los dos. Y tengo que admitir que lo dicen incluso bien.

Tal vez, en un lugar recóndito en el que no nos veamos condicionados por el frenesí del aplauso, nos reunamos y tratemos de entender si además tienen razón.

Edmond y Jules de Goncourt
LA MUJER EN EL SIGLO XVIII

«*En teoría lo compré porque quería saber un poco más sobre un siglo que me fascina. Si embargo, después he acabado usándolo como una medicina.*»

De vez en cuando, en la escritura hay también cierta forma de elegancia pura, carente de ingenio pero repleta de maestría, que lleva al lector a un deleite absolutamente peculiar, incluso vacío, como pasar los dedos por una superficie lisa o contemplar, tumbado, un río que corre. Ni siquiera importa tanto *lo que* se está leyendo, es un placer sutilmente físico ocasionado por la simple colocación de la escritura en el espacio, por la levedad de sus movimientos, por el sonido cristalino que produce al rebotar en la mesa de mármol de nuestra atención. Se lee no tanto para aprender, ni tampoco para poder uno entretenerse de un modo inteligente, se hace para dejar que la prosa impregne un cansancio, un fracaso o una derrota personales, aliviando el resquemor y limpiando la herida. Así, leemos por el simple placer de la lectura, y para salvarnos.

No me lo esperaba, pero este libro de los Goncourt, con ciento tres años de antigüedad, me salvó en su momento; y todavía hoy, cuando algunas de mis cicatrices se vuelven molestas, lo vuelvo a coger para que me las cure con frases como esta: «Niña mimada, *enfant terrible* de un siglo en el que había que tener mucho espíritu para que fuera suficiente, madama la duquesa de Chaulnes tenía demasiado.» Inmediatamente me empiezo a sentir mejor. Puede ocurrir, por ejemplo, que la modestia de las cosas que hago (o que otros hacen) me resulte realmente insoportable, y entonces me sirve de consuelo la refinada geometría de frases como «no es necesario decir más de tres veces a una mujer que es bonita porque a la primera os lo agradecerá, a la segunda os creerá, y a la tercera os recompensará» (se refiere al siglo XVIII, claro, hoy no sería exactamente lo mismo). A veces me basta una definición fulgurante para devolverme cierta alegría: le debo mucho a la frase que define a dos nobles como «enemigas íntimas». Otros días me es suficiente, para adquirir de nuevo cierta levedad, coger la lista de los elegantes sinónimos con los que al París de una época le gustaba definir a sus *escorts: fille du monde, fille de joie, demoiselle de bon ton, courtisane, femme de plaisir, demicastor, fille de vertu morente...* Así como no puedo olvidar el efecto de linimento que tuvieron algunas listas de nombres que los Goncourt se toman la delicadeza de anotar con meticulosa exuberancia. La lista de los nombres de las carrozas, por ejemplo: las *dormeuses,* los *vis-à-vis,* las *paresseuses,* los *cabriolet,* los *sabot,* las *gondole,* las *berline à cul-de-singe,* los *barrocci* y los *diable.* (Si os parece una estupidez que uno se consuele con estas listas de sonidos maravillosamente evocativos, es porque no conocéis cómo son realmente ciertas cicatrices del alma, y por tanto el enorme valor de los linimentos capaces de curarlas. Y no solo eso. Me permito añadir que si no tenéis al menos una persona a la que os parecería sensato *regalar* listas de este tipo como gesto de amor –y con la seguridad de deleitarla– vosotros os lo perdéis.)

Hay que mencionar que en el libro de los Goncourt la elegancia de la prosa y el preciosismo de una erudición tan agradable casan perfectamente con el tema del texto, es decir, con el esteticismo exasperado de todo un siglo. Contenido y envoltorio parecen haber sido creados por la misma mano, resultando de ello un placer absoluto, también a nivel instructivo, debo decir. Leyendo estas páginas me ha dado por pensar en la cantidad de cosas que, en realidad, no entenderíamos si ignoráramos lo que explican estas páginas.

Por poner dos ejemplos, no entenderíamos absolutamente nada de todo el Mozart de Da Ponte, ni tampoco de *Les Liaisons dangereuses.* Es verdad que al final lo entendemos igual, pero está claro que lo que exponen los Goncourt acerca del erotismo, de la ética y de la geografía sentimental del siglo XVIII coloca cada nota y cada palabra de esas obras maestras en su contexto natural, dándonos de ellas una definición que ni soñábamos. Incluso la vida de los protagonistas de esa época resulta más legible. Pensaba por ejemplo en el enigma de las cartas de Mozart, tan insensatamente obscenas, dándome cuenta de que no podían ser leídas antes de leer a los Goncourt (después resultan *à la mode,* o sea, modernas, según el genial vocablo nacido en ese siglo). Del mismo modo pude entender, por fin, por qué Constanze se iba a las termas mientras su marido Wolfgang, el mayor genio de la música, luchaba contra la muerte, y lo entendí cuando encontré una frasecita que al puro estilo Goncourt me aclaró de una vez para siempre el modo de pensar, a este respecto, de aquellos tiempos: «El matrimonio no implicaba el amor, a duras penas lo permitía.» Entenderéis que desde lo alto del púlpito de nuestro esmerilado moralismo ni siquiera se llega a pensar en ciertas cosas, pero pensar en ellas es útil si se trata de juzgar el comportamiento de una mujer casada de la época o el valor de una ópera que basa su trama en la intensa jornada de dos parejas de intercambio *(Così fan tutte,* y el hecho de decir *todas* en lugar de un más apropiado *todos* dice mucho sobre el machismo de aquel mundo, que sin embargo, y como nos recuerdan los Goncourt, fue el siglo en el que las mujeres tenían un poder que nunca habían tenido. Y que nunca más han tenido, podríamos legítimamente añadir nosotros).

William Faulkner
DESCIENDE, MOISÉS

«Un Faulkner y un Shakespeare al año. Sin excepción. Alguna regla hay que ponerse de vez en cuando.»

Este no lo había leído nunca, lo cual no es de extrañar si se tiene presente la inmensidad de su bibliografía. Pero es que ni siquiera lo había tenido en el punto de mira, posiblemente porque se hallaba a la sombra de la luz cegadora de ciertas obras maestras. Gracias al estupendo epílogo de Nadia Fusini me enteré de que Faulkner lo escribió a principios de los años cuarenta, cuando andaba corto de dinero, con la intención de recopilar una serie de relatos para hacerlos pasar por una novela. El editor no se lo creyó y lo tituló: *Desciende, Moisés, y otras historias.*

Entre las «otras historias» hay una que se titula *El oso* que por sí sola constituye un tercio del libro. Y precisamente por ella es por lo que estoy escribiendo este artículo. No es por ponerme a hacer clasificaciones, pero si tuviera que deshacerme de todo y quedarme solo con diez libros que releer el resto de mi vida, *El oso* estaría entre ellos, solo para recordarme que se puede narrar también de ese modo, de ese absurdo e ilógico modo.

Para resumir, Faulkner no escribía: esculpía borboteos, solemnemente, uno tras otro. El verbo esculpir hay que entenderlo literalmente, en primer lugar porque él desde siempre ha escrito solo monumentos, y la solemnidad era casi el único *sound* del que disponía (es el segundo de la tríada americana de grandes escritores de carácter bíblico: antes que él Melville, después de él Cormac McCarthy). Y luego porque trabajaba con una extraña lengua, toda suya, hecha de piedra. Sus frases más redondas saben a cansancio y a percusión, e incluso las más lisas presentan asperezas. Parecen siempre ser fruto de una violencia. También Céline, en cierto modo, borboteaba, pero con una lengua que era agua (vino, a veces). También Proust borboteaba, en cierto modo, pero su lengua era un mantel de Flandes (recién planchado, siempre). Faulkner, en cambio, trabajaba con la piedra, lo que dota a su prosa de una dureza ineludible y a sus monumentos de una aspereza suntuosa. Al leerlo, queda descartada cualquier idea de comodidad, de hecho, la experiencia de trepar por sus libros no es muy diferente a la de escalar una pared hecha adrede para que la cima sea inaccesible, no importa en qué montaña se esté. Muchas veces hace añicos las reglas más esenciales de educación literaria, no se sabe quién está hablando, no se entiende qué demonios está haciendo. De este modo lees, pero es como caminar en la oscuridad oyendo voces sin rostros e intuyendo paisajes que no conoces. No faltan motivos para tirar la toalla y de hecho uno lo haría con mucho gusto si no fuera porque de esas solemnes tinieblas emana una fuerza que se había olvidado, algo primitivo, como el misterio de las cosas antes de que alguien les pusiera un nombre: la audacia de un amanecer donde ya todo estaba escrito.

El oso está escrito así, y si me ha hechizado más que otras páginas faulknerianas es quizás porque nos cuenta justo ese amanecer, la caza del hombre en ese amanecer, el amor y la ferocidad de esa caza. La historia, de por sí, sería más bien lineal y archiconocida: la iniciación de un chaval por sus mayores en la caza del viejo oso invencible. Una historia muy masculina (pocas mujeres, y en segundo plano), recargada con todo el instrumental de la discutible retórica de la montería («Un oso o un ciervo se asustan ante un cobarde, como hace un hombre valiente», y cosas así). Animales inolvidables y machismo épico. Hemingway habría extraído de ello un cuentecito de éxito asegurado. Faulkner, en cambio, hizo una especie de ceremonia sagrada, celebrada ante el altar de un bosque impenetrable y aturdida por el incienso de frases como esta (aunque «frase» aquí no es la palabra adecuada): «De los hombres, no blancos ni negros ni rojos sino solo hombres, cazadores con la voluntad y la audacia necesarias para resistir y la humildad y la pericia necesarias para sobrevivir, y los perros y los osos y los ciervos se yuxtaponían y descollaban en ellos, abocados y compelidos, bien en torno a la inmensidad salvaje o dentro de ella, a la antigua e incesante contienda decretada por las antiguas e inflexibles normas que dispensaban de toda contrición y no admitían cuartel.» Digamos que los Goncourt escribían de un modo distinto. Pero no por ello hay que pensar que en este libro se deba entrar como si fuera una ceremonia sagrada ante la que arrodillarse, haciendo penitencia. Si así fuera no estaría aquí hablando de él. Lo hago porque es una aventura emocionante. En este cuento se entra de igual modo que el chaval entra en el bosque, y se aprende a vivir en él como el niño aprende los sonidos, los senderos y los misterios del bosque. Con paciencia, a lo mejor leyéndolo lentamente y en voz alta, os hallaréis ahí dentro, donde el oso invisible se intuye a través del pequeño enmudecer del pájaro carpintero o de su huella deforme en el fango, tan fresca que puede llenarse de agua bajo vuestros ojos hasta rebosar. Sabía lo que se hacía, el viejo Faulkner, y esta historia os la llevaréis puesta como raramente antes os había ocurrido: los olores, el frío, el miedo. Consumiéndola hasta el fondo, en un momento determinado descubriréis que no os gustaría que ninguna otra voz os la contara, y entonces, por fin, os quedaréis ahí, delante del Oso, muy cerca del corazón de ese borboteo que parecía ilógico y de repente será la única lengua que en ese momento queráis entender. Prometido.

Javier Cercas
ANATOMÍA DE UN INSTANTE

«*Me acordaba muy bien de esa especie de caricatura con la pistola en la mano en medio del Parlamento español. No podía resistirme a la idea de que Cercas hubiera decidido contarlo.*»

Un libro genial, no hay mucho más que decir. Sobre el papel supone la reconstrucción de un episodio dramático de la reciente historia de España, es decir, el intento de golpe de Estado del 23 de febrero de 1981. Pero si quien lleva a cabo una labor como esta es un escritor, se termina dentro de un campo de minas donde ficción y realidad se entrecruzan peligrosamente: muchos han sido los que han naufragado en esas aguas. Cercas tiene un talento descomunal, pero en efecto durante un tiempo estuvo perdido en ese triángulo de las Bermudas: empezó a escribir una novela, la terminó y la tiró a la basura. Después volvió a cogerla. Buscaba un equilibrio entre ficción y realidad. Sobre todo buscaba algo que los escritores conocen bien, es decir, un ángulo desde el que mirar aquello que no existiría si no fuera por ellos. Si no encuentras ese punto inexistente, estás haciendo un esfuerzo inútil. Un buen periodista lo haría mucho mejor que tú. Que yo sepa, son muy pocos los escritores que han encontrado, de verdad, la voz y la mirada adecuadas para observar detenidamente la realidad histórica de las cosas y desnudarla en una narración irrepetible. Pero Javier Cercas tiene un talento descomunal, repito, y al final lo ha conseguido.

La inspiración le vino viendo una y otra vez la retransmisión televisiva de todo lo sucedido aquella tarde. Si queréis ver el vídeo podéis encontrarlo en YouTube. El Parlamento español estaba celebrando la sesión de investidura del nuevo jefe de gobierno, la democracia era aún muy joven (cinco años) y la fragilidad política del país inmensa. Las videocámaras graban apáticamente la sesión. En un momento dado se oyen gritos, algo ocurre, la sesión se interrumpe. Más gritos, mucho trasiego. Luego, en el encuadre aparece vagamente la grotesca figura del teniente coronel Antonio Tejero. Vestido de guardia civil con una pistola en la mano y carente por completo de cualquier tipo de elegancia y dignidad, sube las escaleras que llevan al sillón de la presidencia, después se vuelve hacia la asamblea y grita a todos los presentes que no se muevan. Transcurren eternos instantes de silencio e inmovilidad como si se estuviera bajo los efectos de un ridículo encantamiento. De nuevo gritos, hasta que llegan los disparos con incluso algunas ráfagas de metralleta. Vuelan los cascotes, irrumpen otros militares y en un momento dado alguien ordena a los parlamentarios que se tiren al suelo. Lo que ocurre en ese momento es que todos los parlamentarios, o sea, más de trescientos políticos, o sea, toda la clase dirigente del país, todos se tiran al suelo intentando, de un modo grotesco, desaparecer detrás de sus asientos. Desaparecen. Todos excepto tres de ellos: el expresidente del gobierno Adolfo Suárez, el general Gutiérrez Mellado y Santiago Carrillo, líder del Partido Comunista Español. En el hemiciclo repentinamente desierto sobreviven, impertérritas, estas tres figuras que simplemente se niegan a tirarse al suelo. Suárez permanece inmóvil, con la espalda apoyada en el respaldo y un ligero cansancio en su cara, o indiferencia. Carrillo fumando su cigarrillo. Mellado incluso llega a enfrentarse a los militares, de pie, el pecho contra la pistola, altanero.

Dice Cercas que esos tres le recuerdan a una frase de Borges: «Cualquier destino, por largo y complicado que sea, consta en realidad de un solo momento: el momento en el que el hombre sabe para siempre quién es.» Y le viene a la mente que esos tres, en aquel momento, sabían ya para siempre quiénes eran. No es la aparente audacia del hecho lo que lo iluminó —ese resistirse a la amenaza de las armas– ni tampoco es que amara particularmente a ninguno de los tres personajes, más bien lo contrario. Lo que le fascinaba era pensar que si conseguía entrar en ese instante de irrazonable inmovilidad, podría leer en él toda la historia de esos tres, con una luz increíblemente límpida, y en la historia de ellos la verdadera historia del golpe, y en ella, a su vez, toda la historia de la España posfranquista. El punto de entrada –un instante– era minúsculo, pero enormes los espacios a los que podía llevar. Vio un juego de espejos que prometía maravillas y decidió seguirlo. A partir de ahí se puso a trabajar haciendo poquísimo uso de la fantasía y mucho de las ganas de saber. Se leyó todo lo que había que leerse sobre el tema en cuestión y empezó a entrevistar a los testigos. Un trabajo de documentación gigantesco y muy meticuloso. Después se puso a escribir. No una novela, sino un libro difícil de encasillar, en el que la mano del escritor se vislumbra en la elegancia de la exposición o en el recurso periódico a ciertos tics estilísticos. Sustancialmente un libro de análisis, de reconstrucción, de recomposición de hechos e ideas. Sin embargo, no hay ni un solo momento en su lectura que no te haga pensar que lo ha escrito un escritor y eso –lo entendí un poco después– es debido a que la invención del punto de vista y el descubrimiento del juego de espejos es profundamente literario, por mucho que la invención y la ficción queden completamente fuera del libro. Literario e imaginario, porque todo se basa en una frase de Borges demasiado hermosa para ser cierta y en una hipótesis que es pura invención: que esos tres, ahí inmóviles, no fueran fruto de una circunstancia fortuita sino un jeroglífico que contaba la historia de ellos mismos, lo que les había sucedido a ellos, así como la geografía política y cultural que allí se estaba enmarcando. Esto es pura invención, todo lo demás no.

Este mecanismo me ha hecho pensar y me ha parecido genialmente inédito. Por lo general, cuando los escritores se aplican en la reconstrucción de una realidad social o política tienden a hacer uso de la ficción para intensificar los hechos, pensando que esa es su labor, generando con ello una especie de dopaje de los hechos a través del cual obtienen, cuando les sale bien, una intensidad emotiva mayor y a la vez incluso una exactitud paradójica. Pero Cercas hace todo lo contrario. Lo único imaginario es la teoría y el punto de vista, el resto es cuestión de hechos. Al final, también él acaba obteniendo una sorprendente reproducción de la realidad, pero mediante un canal que considero mucho más correcto y elegante. Así, este libro, aun siendo irrepetible, al final me ha parecido un modelo, casi la enunciación luminosa de un acercamiento literario a las cosas respetando la realidad pero manteniéndose fiel a la imaginación. (Imaginaos un libro similar sobre la masacre de la plaza Fontana, he pensado yo. En cierto modo estoy esperándolo.)

Marc Fumaroli
LAS ABEJAS Y LAS ARAÑAS: LA QUERELLA
DE LOS ANTIGUOS Y LOS MODERNOS.

*«¿Cómo no comprar, mientras pensaba en los bárbaros, un libro
con ese título?»*

Es posible que a estas alturas ya os hayáis percatado de
que las disputas entre intelectuales han sido, desde siempre y
al margen de su aparente elegancia, un deporte violentísimo
que se juega a muerte en partidos que pueden durar décadas.
La historia nos ha legado un buen número de esos partidos
de magnífica intensidad, de entre los cuales hay que mencionar uno de los más crueles, el que se jugó en Francia durante
el reinado de Luis XIV, entre 1685 y 1715. En un bando los
Antiguos, en el otro los Modernos: estos eran los nombres
de los equipos. Entre las estrellas en el campo, gente como
Boileau, Racine, Lully, Perrault, Corneille o La Fontaine.
Patadas y leñazos por doquier. Un auténtico espectáculo.

El motivo de la contienda se podría resumir del siguiente modo: los Antiguos defendían que en la Antigüedad gre-
corromana se había alcanzado el nivel más alto de desarrollo
cultural, por lo que consideraban necesario referirse a él constantemente, trabajando para que esos valores de belleza, mo-
ralidad y conocimiento permanecieran, ya que sin ellos no
existiría la civilización; los Modernos, en cambio, animaban
a la superación de esos valores, convencidos de que el presente tenía en sí toda la potencialidad para forjar una nueva
civilización digna de tal nombre, en lo que respecta a gusto,
lenguaje y principios. Los primeros consideraban a los padres como autoridades absolutas; los segundos reclamaban el
derecho y la capacidad de ser padres de sí mismos. La cues-

tión, ahora, no os parecerá especialmente original, pero hay que recordar que en aquellos tiempos el solo hecho de plantearla ya era algo genial, por parte de los dos bandos. El culto a la Antigüedad, que ahora nos parece lo más natural, no lo había sido para nada durante siglos, pudiendo decirse que en aquellos tiempos era una invención relativamente reciente y revolucionaria; por otro lado, la idea de que lo nuevo fuera ya un valor en sí mismo, y la modernidad una virtud, era una idea fresca del día, una conquista cultural que había tardado siglos en asomar a la superficie. Así que, en cierto modo, las que se enfrentaban eran dos ideas geniales, más bien recientes, e irremediablemente contrarias. Podéis imaginaros lo interesante que era el partido. Es más, si hoy el mismo partido puede jugarse en campos de tercera división y en cualquier lugar donde se hallen un viejo profesor y un joven de talento, es porque aquella gente, en aquella ocasión, inventó aquel partido.

Alguno de vosotros querrá saber quién lo ganó. Os lo diré: los Modernos. Lo que sabemos con seguridad es que la llegada de la Ilustración decretó la victoria de los Modernos, convirtiendo en realidad dominante todas sus reivindicaciones. Podemos también ir más allá y pensar que el partido se jugó de nuevo entre los siglos XVIII y XIX, cuando los Antiguos se volvieron a presentar en el campo de juego con un nuevo nombre (los Románticos) y con una estrategia diferente: fue un partido muy disputado y esta vez ganaron los Antiguos (los Románticos) por dos buenos goles de diferencia. Dicho esto, más vale saber que el partido se juega por tercera vez en estos años, con el espectacular encuentro entre la cultura romántica, muy presente aún, y los nuevos bárbaros (Steve Jobs y compañía): los Antiguos atrincherados en el área y los Modernos tirando a puerta desde todas las bandas. Digo esto, a costa de simplificar, para que entendáis que estudiar la historia de la cultura no es un hábito de esnob en convalecencia, sino un modo de reconstruir la prehistoria de nuestros pensamientos, de nuestras preguntas y de nuestras respuestas. Es un viaje al interior de nosotros mismos.

Merece la pena hacerlo sobre todo si se encuentra un instrumento capaz de guiarnos a través de la historia con lucidez y nitidez, o sea, con *facilidad*. Y eso es lo que hace este libro. Marc Fumaroli es un académico francés que ya ha cumplido los ochenta, un admirable maestro de otros tiempos. Erudición, elegancia y estilo. Tiene todo lo necesario para resultar fascinante. Con un plus que al menos a mí me resulta irresistible, y es que él está con los Antiguos. Es un ultra del conservadurismo. Es alguien que si alguna vez leyera *Los bárbaros* (no lo hará nunca), me perseguiría hasta el fin del mundo para darme una buena patada en el trasero. Es el tipo de adversario con el que uno sueña por la noche. Ahora ya somos hijos de una civilización en la que *lo nuevo* es un valor idolatrado y la fe en el progreso un principio inatacable; así que en aquel fantástico partido del siglo XVII nos pondríamos instintivamente de parte de los Modernos. Pero él no. Él está estupendamente bien al otro lado, y por enésima vez verifico que las batallas nos las tienen que contar los vencidos para poderlas entender de verdad, tal y como me ha sucedido al leer a Fumaroli. Por vez primera he entendido realmente que la controversia entre Antiguos y Modernos no era en absoluto un partido grotesco de pedantes contra ilustrados, sino un partido en el que los dos equipos eran geniales, hasta el punto de convencerme de que haberlo ganado fue mucho más que un lógico epílogo, fue un heroico golpe maestro, cuya osadía y astucia puedo valorar plenamente solo ahora. Puedo incluso llegar a coincidir en que con aquella victoria se puso en marcha una épica del modernismo que ha hecho que hagamos un montón de tonterías, además de una cosa muy sensata, es decir, inventar el placer del futuro. Y por muy absurdo que pueda parecer, entiendo con mayor facilidad, leyendo este libro, que en el partido que se está jugando ahora ganarán los bárbaros, y lo harán equivocándose, pero lo harán, por la invencible fuerza de la juventud, del talento y de la locura.

Stefan Zweig
MAGALLANES: EL HOMBRE Y SU GESTA

«Me lo compré porque no se me ocurría una sola cosa que pudieran tener en común un apacible escritor como Zweig y un loco aventurero como Magallanes.»

Ahora resultará difícil de creer, pero Stefan Zweig, en los años veinte y treinta del pasado siglo, fue un autor de bestsellers planetarios (claro que el planeta era pequeño en aquel entonces). Era judío, austriaco, nacido en el seno de una familia indudablemente rica, se codeaba con gente como Richard Strauss, Freud, Schnitzler. Pacifista convencido, se pasó la Primera Guerra Mundial metido en una oficina, y la llegada del nazismo lo condujo, sin hacer demasiado ruido, al exilio. No se tiene constancia de ninguna toma de posición por su parte, él seguía escribiendo lo que le gustaba y escapando con gran dignidad. Primero a Inglaterra, luego a Estados Unidos y por último a Brasil. Fue allí, en Petrópolis, donde se quitó la vida, en 1942, a la edad de sesenta y un años, cuando el estallido de la Segunda Guerra Mundial le parecía ya inevitable. Si debo fiarme de la Wikipedia (lo que no siempre hago), Zweig habría acompañado su suicidio con esta bonita frase: «Creo que es mejor finalizar en un buen momento y de pie una vida en la cual la labor intelectual significó el gozo más puro, y la libertad personal, el bien más preciado sobre la Tierra.» Habría sido realmente estupendo si lo hubiera dicho o escrito de verdad.

Señalo todo esto porque tiene relación con el motivo por el que me gustó tanto este libro. Me parece conmovedor que, en 1936, a un judío intelectual, totalmente expuesto a la propagación de la barbarie nazi, no se le ocurra nada mejor

que hacer que *dedicarse a escribir una biografía de Magallanes*. Os puedo asegurar que la vida del famoso navegante no
tenía ningún valor simbólico para él, por muy interesante que
fuera no ofrecía ni una sola referencia al horror de aquella
época. Era exactamente lo que parecía: puro gozo del trabajo
intelectual. Así que mientras leía el libro, pensaba en cuando
ese hombre lo escribió, en contra de toda lógica y en un momento en el que más bien habría tenido que sembrar indig-
nación y rechazo hacia lo que estaba sucediendo en vez de
bajar la cabeza y ponerse a cultivar esta plantita exótica, con
todo el cuidado, pensando, evidentemente, que alguien después, quién sabe cuándo, recogería el fruto de su semilla. Y, en
efecto, ahora puedo confirmar que así ha sido, que alguien,
o sea yo, lo iba a recoger, del mismo modo que lo hace esta
página y todos aquellos que han leído el libro y los que lo
leerán. Aun así, en esa sosegada idea de labor intelectual di-
viso un matiz que adoro, y que me hace pensar, aunque sea
de mala gana, en los sermones, generalmente arrogantes, de
aquellos que piensan que escribir es por obligación un acto
de denuncia, de participación política, de compromiso civil.
No tiene por qué. A veces uno puede hacerlo totalmente ajeno a la historia, desarmado hasta el heroísmo, por el puro
placer de sembrar algo que después será recogido. Y esta me
parece que es una manera de ver las cosas no solo legítima
sino incluso sublime.

Además, he leído este libro con mucho placer –a pesar
de que no sea inolvidable su escritura, amable y elegante en
su justa medida– simplemente porque la vida de Magallanes
fue fantástica. En un mundo en el que la diferencia entre ga-
nadores y perdedores se ha convertido en algo fundamental,
la vida del navegante contribuye en cierta medida a poner las
cosas en su sitio, es decir, nos recuerda que la línea divisoria
entre ganar y perder no es nunca tan estúpidamente clara
como pretende sugerir *Factor X*. Magallanes se ganó la fama

eterna demostrando que efectivamente se podía llegar a la India navegando hacia Occidente (no a la India patagona de Colón, sino a la verdadera India). El asunto hizo que fuera el primer hombre en la historia de la humanidad que superó la barrera de las Américas para dar la vuelta al mundo y demostrar de ese modo que, efectivamente, la tierra era redonda (a esas alturas ya se sabía, pero nadie había ido a comprobarlo con sus propios ojos). Naturalmente, él se puso en marcha basándose en suposiciones, y está claro que alguna no era tan acertada, entre ellas la de adentrarse en el océano Pacífico creyendo que era el Índico. Con todo y con eso, llevó a cabo su proyecto, y de este modo para la historia fue considerado un ganador. Pero el asunto no era tan simple como parece. Magallanes era portugués y para realizar el viaje de sus sueños tuvo que traicionar a su rey y navegar para los españoles. Fue tratado con poca consideración también por parte de estos, que por principio renegaban de los traidores. Por muy intrépida que fuera, la ruta que descubrió se reveló inútil y era muy arriesgado cruzar el estrecho al que después darían su nombre y que él había buscado obsesivamente por toda la costa de la Patagonia: antes de jugarse la vida allí, preferían cargarse todo sobre los hombros y cruzar por tierra Panamá. Los hombres que lo acompañaron en su empresa sufrieron todo tipo de penurias para acabar con una atroz estadística: de los 234 que se embarcaron solo hubo 18 supervivientes que después de dos años regresaron a Sevilla. Entre los muertos, para completar el cuadro, el mismo Magallanes. Murió de forma estúpida, en las islas Filipinas, combatiendo en una guerrilla entre isleños, como aliado de un rey local. Los indígenas lo hicieron pedazos, en la playa, y su cuerpo fue dispersado en la nada. De ahí que en todo el mundo se puedan encontrar muchas calles con su nombre pero ninguna tumba.

Ya me dirás si uno que termina así gana o pierde.

Mario Sconcerti
STORIA DELLE IDEE DEL CALCIO

«Te lo tienes que leer, me dijo un amigo con el que podríamos pasar horas discutiendo de los defectos del 4-3-3. Tenía razón.» Estamos ante un libro que, si hubiera sido capaz, me habría gustado escribirlo yo. No se trata de contar la historia del fútbol, sino las modificaciones que a lo largo del tiempo ha experimentado la táctica del juego; dadas unas reglas y un campo, lo demás es imaginación, divagar de la mente, hipérboles de fantasía. ¿Cómo se llegó a inventar el *líbero?* ¿Y por qué en un momento dado se pusieron todos a jugar en zona? Modificaciones. Naturalmente el tema me apasionaría aunque no me gustara el fútbol, porque cualquier juego representa *in vitro* un juego más importante, estar en el mundo, y por tanto la posibilidad de estudiar en un laboratorio lo que sucede en un determinado juego, tiene una gran probabilidad de recordar a ciertos movimientos de la mente con los que a lo largo del tiempo hemos afrontado el reto de entender el sentido de la vida, del planeta y de la humanidad. No es broma, y para demostrarlo os pongo un ejemplo.

No sabría cómo explicar qué son los bárbaros (en la acepción que le he dado al término) y en definitiva la transformación cultural y antropológica que estamos experimentando, si no fuera por un breve vídeo que me envió un día un amigo que sabía que estos temas me apasionaban. Lo podéis encontrar en YouTube. Es un resumen (6 minutos) del partido Holanda-Uruguay en el mundial del 74, probablemente la primera celebración oficial de lo que después se llamaría fútbol total. Una lección. Los uruguayos eran duros, pegaban fuerte y jugaban de modo práctico y eficaz; los holandeses se movían a una velocidad inaudita de un modo incomprensible y, entre taconazos, tonterías varias y tiros a la tribuna, jugaban a algo maravilloso que nunca antes se había visto. Atacaban al que poseía el balón en grupo de seis o siete (como si de repente lo odiaran por algo personal), no mantenían el balón más de dos pases (muchas veces era suficiente uno), se movían por zonas del campo donde uno podría pensar que no había ni siquiera campo, hacían una defensa tan intensa que en un momento dado –un momento casi conmovedor del partido– eran SIETE los uruguayos en fuera de juego, y había que verles las caras. Un espectáculo. Ni siquiera me acuerdo del resultado (bueno, digamos que no ganaron los uruguayos), pero sí de la elemental contraposición de dos culturas, una moribunda y la otra desbordante, una contraposición tan evidente que hasta un niño podría entenderla. Y esto es lo que sigue ocurriendo, alrededor de ese niño, en nuestro mundo de hoy.

Por eso la idea de hacer un recorrido por las transformaciones tácticas de la historia del fútbol es genial a su manera, y sin duda instructiva. Quién dice que las aventuras de la mente tengan siempre que estudiarse dando la lata con Goethe, Adorno o Freud. También el fútbol funciona de maravilla. Sobre todo si quien lo cuenta es tan competente y placentero como lo es Sconcerti. Sin ninguna extravagancia, hace un buen repaso desde los orígenes hasta el Mundial que ganaron los *azzurri* de Lippi en Alemania. Sobra decir que contiene una colección de recuerdos y anécdotas irresistible. Me ha encantado saber que el apellido de Nereo Rocco, en su origen, era Rock (eran de Viena), así como recordar su modo de entrar en el campo, siempre vestido con chaqueta, corbata y botines de fútbol (por el fango, decía él, porque le gustaba tener los pies en la tierra, dice Sconcerti). Me ha encantado recordar a Liedholm, ese hombre pacífico que importó la defensa en zona a Italia, saltándose el tabú del marcaje al hombre (cuando le preguntaron por qué lo había hecho dijo que de ese modo no tenía que estar pensando siempre en los marcajes). Me han venido a la cabeza de modo impetuoso y con una lejanía abismal palabras que hoy prácticamente ya no se usan y de una belleza difícil de describir: *volante* (¡un participio presente!), *oriundos* (etimología inexplicable, en mi mente cuando era niño significaba «artista»), *stopper* (claramente onomatopéyico, es el ruido de un punterazo en la tibia). Me han entrado ganas de contar momentos invisibles que sin embargo han cambiado la historia del fútbol. Uno es la tarde en que Sacchi le pasó a Baresi una cinta de vídeo para que viera cómo jugaba Signorini como defensa central del Parma (es como pasarle a Proust un libro de Simenon para explicarle lo que significa contar algo). Otro momento que no conocía para nada: dice Sconcerti que el sábado antes de salir para Lisboa, un viaje del que nadie salió vivo, los del Gran Torino jugaron con el Inter: no se llevaban mucha ventaja en el campeonato y el presidente (el mítico Ferruccio Novo) dijo muy claro que si perdían ese partido no iban a Lisboa ni de coña. Quedó cero a cero y ahora me gustaría verlo de nuevo, ese partido, porque habría sido suficiente con un rebote afortunado, una distracción de la defensa, un error del árbitro y habrían seguido siendo el Gran Torino por mucho tiempo. El fútbol vive de episodios, se dice, lo mismo que la vida, por deducción. Me he divertido mucho oyendo de nuevo hablar de Herrera («No ha sido el mejor entrenador, ha sido el primero»), enterándome de que hablaba mucho fuera del campo, pero jamás decía una palabra durante el partido. Luego se supo que era terriblemente miope y casi no veía el partido. Y al final en cinco líneas he hallado (y felicito a Sconcerti por ello) lo que nunca he sabido explicar a mi hijo cuando me pregunta quién es ese hombre distinguido que habla en la tele. Paolo Rossi, le digo, un poco ofendido. ¿Y quién es?, dice él ¿Cómo que quién es? ¡El Mundial,

Pablito, eso es! ¿Pero era bueno jugando?, me pregunta entonces. Y ahí es cuando no sé qué decirle. Tengo sus goles de aquel Mundial grabados en la memoria (tenía veinticuatro años, santo cielo), pero no sé explicárselo. Ahora, por fin, puedo hacerlo: «Paolo Rossi jugaba mucho mejor de jovencito cuando era un extremo derecho rápido y lleno de talento. En el centro del área era como si todo su talento lo cambiara con un ritmo de juego solo suyo. No veías nada, era como un desierto. En el área se levantaba el polvo, se intuían un grupo de cuerpos, y si el balón entraba en puerta había sido Paolo Rossi.» Juro que era exactamente así.

William Goldman
LA PRINCESA PROMETIDA

«*Ya he dicho que generalmente los guionistas, por motivos misteriosos, no escriben buenos libros. Pues he aquí una clamorosa excepción.*»

No me divertía tanto desde *El mundo según Garp* (leyendo un libro, quiero decir). No sabía quién era Goldman, aunque en realidad debería haberlo sabido; si uno escribe películas como *Butch Cassidy*, *Marathon Man* o *Misery*, hay que saber quién es. Pero bueno, no había memorizado nunca ese nombre tan corriente, y un día, ya tarde y con prisas, en una librería que estaba cerrando, cogí el libro simplemente al ver que el prólogo lo había escrito Cavina, en quien confío ciegamente (Cavina es un escritor italiano, para quien no lo sepa). Decía Cavina que *La princesa prometida* te devuelve el encantamiento de los primeros libros que uno lee cuando es pequeño, los primeros de verdad, esos que no te esperas para nada. No te esperas que te puedan hacer ese efecto, como pensar que eres uno de los muchachos de la calle Paal, o cuando un personaje muere y tú también te sientes morir. Decía también Cavina que él se lo había leído todo del tirón en un día, sin poder dejar de leer (aunque claro, es *romagnolo* él). En fin, que valía la pena intentarlo.

Ya la primera frase no está nada mal: «De entre todos los libros del mundo, este es mi preferido, aunque no lo haya leído nunca.» Parece demencial, pero os prometo que después de leerlo, tiene toda su lógica. Solo hay que entrar en el mecanismo de la novela, que es deliciosamente extraña. Para intentar explicarlo, Goldman hace como si estuviera volviendo a publicar un libro que su padre le había leído cuando era niño y del que se había enamorado perdidamente. El libro de un tal Morgenstern. El caso es que el texto, aun siendo maravilloso, contenía inexplicables divagaciones de insostenible duración y aburrimiento, por lo que Goldman hace de él una edición un poco más limpia, reduciendo las páginas inútiles. ¿Os parece complicado? Pues lo resumo: prácticamente Goldman ha escrito de nuevo y a su modo aquel libro que le entusiasmó cuando tenía diez años, como si su padre se lo leyera ahora saltándose todas las partes aburridas.

No sé si os acordáis de cómo es uno a los diez años (si la respuesta es no, hay algo que no funciona, gente). A esa edad, ¿qué os habría gustado encontrar en un libro? Exactamente lo que hallaréis en *La princesa prometida*, o sea, y utilizando las palabras del mismo autor: «Esgrima, combate, tortura, veneno, amor verdadero, odio, venganza, gigantes, cazadores, hombres malvados, hombres buenos, bellas damas, serpientes, arañas, dolor, muerte, hombres valientes, hombres cobardes, persecuciones, fugas, mentiras, pasiones, milagros.» Puedo aseguraros que efectivamente hay de todo. Es más, la lista podría ser aún más larga. Añado que esencialmente se trata de una historia de amor: ella es la joven más bella del mundo (con lo que es comprensible que sea también algo antipática, por usar un eufemismo) y él es un hombre que la ama por encima de todo, con total abnegación y con un ímpetu fabuloso. Para que os hagáis una idea de la relación, puede servir un pequeño diálogo que tiene lugar después de que él, con una habilidad indecible, la salvara de una terrible aventura. En teoría, por este hecho, ella tendría que amarlo para toda esa vida y las diez siguientes, aunque lo cierto es que cuando el malo los captura (un príncipe de una maldad inolvidable) ella no tarda más de diez segundos en irse con el malo con tal de salvar su vida. Este es el diálogo:

Él: «La verdad es que prefieres vivir con tu príncipe antes que morir con tu amor.»

Ella: «He de reconocer que prefiero vivir antes que morir.»

Él: «Hablábamos de amor, señora.»

Por supuesto que Flaubert es otra cosa, ya solo Philip Roth lo es, no hay duda. De hecho aquí nos hallamos en un campo de juego que probablemente no merece el nombre de literatura y que, sin embargo, no es menos valioso, ya que sería la exhumación póstuma y apócrifa de eso que llamamos narrativa para jóvenes, solo que convertida, con intrépido malabarismo, en placer para adultos. Visto así, sobre el papel no tenía ni una sola posibilidad de que funcionara. Y en cambio tengo que darle la razón a Cavina y decir que aunque no me lo haya leído del tirón en un día, lo he devorado con infinito placer. Y además estoy seguro de que ello tiene mucho más que ver con la maestría de Goldman que con mi nivel de chochez senil. La verdad es que me ha resultado extrañísimo, teniendo en cuenta el tipo de lector en que me he convertido, llegar al final de un libro con el que no estaba aprendiendo nada (la moraleja de la historia se enuncia en la última frase y no me dice nada nuevo: «La vida no es justa. Solo es más justa que la muerte. Es todo»). No sé por qué pero ahora solo me termino libros que me enseñan algo o que brillan con una lengua que me maravilla. Es como si ya no tuviera tiempo para el resto. Solo maestros o voces irrepetibles. Goldman no es ni lo uno ni lo otro, y sin embargo, su sentido del humor, su levedad y su vejez infantil me han hecho caminar sin hacer ningún esfuerzo con las piernas, con la sensación de quien baja una pendiente suave, sensación que tenía casi olvidada después de tantos años de escalar montañas. De niño, cuando ponía los ojos en un libro, no sabía caminar de otro modo, y ahora me doy cuenta de que, como en todo lo demás, también en la lectura se aplica la inexorable regla según la cual se está en el lugar adecuado solo cuando no se tienen las cartas adecuadas para saber que lo es. Lo digo sin nostalgia, sin lamentarme, no es nada grave, pero así están las cosas. Porque la vida no es justa. Solo es más justa que la muerte. Eso es todo.

J. M. Coetzee
DESGRACIA

«*Ni siquiera me acuerdo de por qué lo compré. Seguro que no fue por haber ganado el Premio Grinzane Cavour, como proclama la contraportada.*»

Está también quien tiene ese don. No se puede llamar de otro modo esa facilidad para escribir que borra toda huella detrás de sí, haciendo imperceptible la mano del artesano. Lo equivalente, en literatura, a lo que Clint Eastwood hace en el cine. Cuando él dirige se te olvida que hay un director; como si hubiera un punto, uno solo, absolutamente natural, en el que poner la cámara y él en cada toma lo pilla. De un modo no muy diferente escribe, por ejemplo, Philip Roth, el más grande en absoluto, si se habla de don, de facilidad, de mano invisible (vale, pero ¿por qué no descansa un poco y nos deja tranquilos unos meses? Yo todavía tengo que digerir *Pastoral americana*. ¿Tanto asco le produce el golf?). Otro es Coetzee (no, no sé cómo se pronuncia exactamente). Al igual que Roth, también él coloca la cámara en el único lugar idóneo, y lo hace prácticamente en cada frase, con el resultado final de una prosa inevitable y perfecta, la misma fantasía que te transmiten las hojas de los árboles cuando te pones a mirarlas bien. Este tipo de prosa ofrece una ventaja extraordinaria; lima todas las asperezas de la lectura y reduce al mínimo el esfuerzo de tener que descifrar la escritura. El lector, de este modo, puede utilizar la totalidad de su cerebro para pensar en lo que está leyendo, ya que no tiene que esforzarse en entenderlo. El sendero es cuesta abajo y sin obstáculos, con lo cual se observa mejor el paisaje. Y el paisaje, en los libros, es la inteligencia del escritor.

En este sentido, Coetzee me ha parecido siempre incluso mejor que Roth. Posee una inteligencia más perversa, más sarcástica, más feroz. Y es políticamente incorrecto de un modo molesto y brutal, no de ese modo un poco de *party* neoyorquina que tiene Roth. Escuchad esto *(Desgracia)*: «El amor sáfico: una excusa para ganar peso.» ¿Se puede llegar a ser un mierda de un modo tan tajante? Pero no siempre es cuestión de maldad. Muchas veces es una inteligencia simplemente despiadada, pero cortante hasta decir basta. De nuevo en *Desgracia,* se halla, por ejemplo, esta reflexión (atribuida, al igual que la anterior, al protagonista) que yo considero genial. Son solo tres frases, así que las copio literalmente: «Su opinión, por más que no la airee, es que el origen del habla radica en la canción, y el origen de la canción, en la necesidad de llenar por medio del sonido la inmensidad y el vacío del alma humana.» A mí nunca se me había ocurrido que gran parte del dolor del ser humano pudiera provenir de un problema de medida. Un alma inmensa. Explicaría un montón de cosas, este trágico error de corte en la labor sartorial del Creador. El alma nos queda más o menos como le quedaría a un niño el mono de esquiar del hermano mayor. No me extraña que luego se perciba un vacío...

En *Desgracia,* hay dos o tres temas que se tratan con este tipo de inteligencia tan incisiva, pero el que se me ha quedado más grabado es el de la inadecuación intelectual. El protagonista, un refinado académico humanista, a causa de su hija se ve aparcado en pleno campo, en un mundo completamente ajeno a su vocación de intelectual urbano. Campesinos, veterinarios, gente que trabaja con las manos, gente que arregla las vallas. Y, cómo no, también bandidos, violentos o primitivos. Ya se trate de reaccionar ante una brutal agresión o de curar a un perro enfermo, el profesor, con toda la cultura que lo acompaña, se siente constantemente inadecuado, inútil, desgraciadamente poco equipado. Una sensación que conozco. A mí, el simple hecho de ir a alquilar una zodiac, o a comprar queso en un pueblecito alpino, me sitúa ante personas que ostentan un conocimiento refinadísimo, al que solo puedo corresponder con una ignorancia humillante. De repente son ellos los que saben vivir. Saben cómo llegar a la cima, qué tiempo va a hacer mañana, el nombre de los árboles, la dinámica del viento, cómo vestirse, dónde sentarse y dónde no, cómo no hacerse daño. Son elementales, primitivos, posiblemente no hayan abierto nunca un libro, y, sin embargo, al cabo de un rato no puedes deshacerte de esa devastadora sensación de que ellos saben estar en el mundo mejor que tú, quizás incluso saben educar mejor a los hijos, o como mínimo vivir dentro de sus inmensas almas. Es intolerable. ¿Y yo, con todos los libros que he leído? ¿Es posible que tenga que estar ahí, como un tonto, para que me enseñen a vivir? En esos momentos es cuando yo, al igual que hace el profesor de Coetzee, me pregunto: pero ¿qué es lo que sé hacer yo? Con todo lo que he estudiado y todo lo que he hecho, ¿qué es lo que sé hacer yo realmente?

¿Qué saben hacer los intelectuales?

Yo, por ejemplo, sé leer «El infinito» de Leopardi. Quiero decir que sé leerlo bien, que sé de dónde procede toda esa belleza, sé cuál es el sonido justo de cada palabra, sé por qué es así y no de otro modo, conozco toda su música a la perfección y sé exactamente qué es lo que dice y lo que cuenta. He tardado años, he trabajado duro, y ahora puedo decir que sé leerlo bien. Y ahora la pregunta es: ¿para qué sirve? ¿Sirve para algo? ¿No habría sido mejor dedicarse a estudiar los nombres de los vientos y los árboles?

La semana que viene hablaré de un libro de Christa Wolf. Y en él, por ejemplo, hay una respuesta. Una de las mejores que yo recuerde.

Christa Wolf
EN NINGÚN LUGAR. EN PARTE ALGUNA

«Un libro con un título como este se compra y punto.»

De vez en cuando, harto ya de lo bien que escriben los angloamericanos, de ese modo pulcro e insoportablemente correcto que los define, uno retorna a un modo de escribir europeo, inmensamente menos confeccionado, incauto y ambicioso, más irregular. Huelga decir que se requiere más paciencia y dedicación –quizás incluso un poco más de cultura y gusto–, pero a veces es un retorno glorioso. *En ningún lugar. En parte alguna* es, en mi opinión, la obra maestra de Christa Wolf, con el debido respeto a *Cassandra*. La primera vez que lo leí –era una edición de bolsillo y a mí todavía me aburría Hemingway– era joven y me dejó completamente impresionado: fue una revelación total descubrir lo que esa mujer podía hacer con el duro mármol de su escritura, las curvas y la suavidad que suscitaba con su cincel. Jamás había leído nada tan gélidamente tibio. Todo era conmovedor y severo al mismo tiempo. Muchos años después, la reedición de Edizioni E/O hizo que cayera de nuevo en mis manos, y recuerdo que lo abrí con mucho miedo, porque los amores de los treinta años tienen casi siempre fecha de caducidad, como los yogures. Y, en cambio, ahí seguía esa inigualable, intacta y evidente belleza, incluso más acentuada aún, ya que con el tiempo supe cuáles eran las preguntas a las que el libro respondía. Pero con esto no quisiera levantar falsas expectativas. Es un libro duro, para lectores fuertes y almas retorcidas. No pierdan el tiempo y absténganse los lectores de thriller.

Todo sucede en un salón burgués, una tarde de 1804, en Winkel, un pueblecito del Alto Rin; aunque «suceder» puede que no sea la palabra adecuada, lo sería solo para quienes la apliquen a cosas invisibles, a micromovimientos del alma o a frases apenas pronunciadas. Los demás dirían que no sucede nada.

En ese apacible salón burgués, donde la buena educación y la inteligencia disciplinada son la regla, el azar ha hecho que dos almas irregulares se reúnan, un hombre y una mujer jóvenes, escándalo y atracción de la compañía. Él sentado en un rincón con los dedos apretando los brazos del sillón, los nudillos blancos: un náufrago que se mantiene aferrado. Ella posee cierta belleza que la convierte en el centro de atención y una inteligencia que es como un remolino al que la gente se acerca por curiosidad y del que se aleja por prudencia. Es la primera vez que se ven. Así que se conocen en ese salón, aunque la palabra adecuada aquí sería, sin duda, se «reconocen». Los dos tienen bonitos nombres: Kleist él y Gunderrode, ella. Christa Wolf los ha tomado prestados de la historia; son dos personajes que existieron realmente, los dos poetas, los dos se suicidaron. Parece que, en la realidad, nunca se conocieron. En el libro se rozan, lo cual es suficiente para hacerles parecer dos manecillas gemelas que, en el cuadrante del mundo, marcan una hora enferma e irracional.

Si habéis experimentado directamente el daño que causa un exceso de sensibilidad, en este libro hallaréis las palabras que lo pronuncian, con crueldad y delicadeza. Magníficas perlas aquí y allá. Contiene también la declaración de amor más elegante que yo haya leído jamás: «Quería decirle que sería sin duda algo terriblemente innatural que nosotros dos no llegáramos a ser íntimos amigos.» Justo en la primera página hay una cita de Kleist, el auténtico, que con el tiempo me ha parecido aplicable perfectamente a todo lo que tenía que decir de mí mismo: «Dentro de mí habita un corazón, como la semilla de un fruto del sur podría habitar una tierra del norte. Se esfuerza y se esfuerza pero no consigue madu-

71

rar» (me sobrevaloraba, por supuesto, era joven). Y entre tantos pensamientos inciertos, recordaba muy bien aquella frase, una, brillante por su seguridad: «Si dejamos de esperar que suceda, ocurre lo que nos tememos, eso es seguro.» Perlas. (Paréntesis reservado a los lectores habituales de esta columna. Esta es la respuesta que la Wolf da a la pregunta «¿Qué saben hacer los intelectuales?»: saben ponerles nombre a las cosas. Aun desde mi más profunda admiración por la gente de montaña, cuyo atractivo padezco estúpidamente, no puedo dejar de pensar en la curiosa circunstancia por la que, durante mucho tiempo, las cimas de las montañas carecieron de nombre. La sabia gente de montaña les ponía nombre a los collados o a los pasos porque era útil ponérselo, pero no llegaba a la sublime abstracción de hacer lo mismo con las cimas a las que nunca habían subido ya que era inútil hacerlo. Solo cuando a alguien se le despertó el incomprensible instinto de subir ahí arriba, por el mero gusto de completar la Creación, nacieron los nombres de las montañas. Lo mismo vale para la geografía más invisible de la sensibilidad humana. Es típico de los intelectuales, ya sean estudiosos o poetas, llegar hasta lo más alto del sentir humano y ponerle un nombre. En este caso específico, Kleist y la Gunderrode nombran cimas de dolores que primero han escalado y a las que después, sintiéndose con derecho a hacerlo, le han dado un nombre. Y lo hacen con una precisión espectacular. A partir de ahí millones de personas, desde el fondo del valle, pueden levantar la mirada y contemplar esas cimas como si fueran suyas, y ello por el solo hecho de poseer el nombre que amablemente obtuvo gracias al trabajo extenuante de alguien más audaz que ellos.)

Donald Kagan
LA GUERRA DEL PELOPONESO

«*Después de Tucídides, el texto que mejor narra la madre de todas las guerras.*»

Ya se sabe que la maniobra militar más difícil es la retirada, casi imposible efectuarla de manera limpia. De hecho, en la gran retirada estratégica que la cultura de los libros ha emprendido, bajo la barbarie del continuo acoso tecnológico, es normal quedarse atónito ante determinadas maniobras que dejan a uno totalmente consternado. Serán solo pequeños detalles, pero yo no puedo dejar de notarlos. Recientemente, por ejemplo, he tenido que presenciar que en un quiosco vendieran a un euro *La Constitución de los atenienses* de Aristóteles. Hasta ahí, puede pasar. Pero es que se vendieron algo así como ciento cincuenta mil ejemplares. Si una cifra como esta os llena de entusiasmo, estupendo, pero dejad que os aclare algo: vender en un quiosco a un euro *La Constitución de los atenienses* es como plantarse en un parque de atracciones con un Stradivarius y dejar que cualquiera que esté dispuesto a pagar un euro lo toque durante cinco minutos (un algodón de azúcar ya cuesta más). A lo mejor llega un *amateur* que disfruta de sus cinco minutos con puro y legítimo placer, los otros, obviamente, incluido yo, pueden simplemente tenerlo en la mano. Ya es mucho si no intentan tocarlo como si fuera una guitarra. Muy triste. ¿Y qué tiene de malo?, os preguntaréis. No lo sé y no tengo intención de abrir ningún debate. Lo único que sé, con una seguridad instintiva, es que hacer eso no está bien. Es verdad que estamos en época de grandes rebajas, pero no importa. Con todo el respeto, es mejor no hacer ese tipo de cosas. Y si no entendéis el porqué, no creo que lleguéis a entenderlo nunca.

Lo que sí puedo hacer con mucho gusto es dedicarles este artículo a esos ciento cincuenta mil que compraron el libro. Pues bien, el mundo de la Antigua Grecia es un mundo muy complejo e infinitamente fascinante. Entre otras cosas, es posible que nuestro patrimonio genético, hablando de política y cultura, provenga de allí casi en su totalidad. Como todo lo complejo, para ser entendido es necesario afrontarlo con paciencia y sin precipitarse. Y como por algo hay que empezar, yo recomiendo empezar por este libro, que, además de costar más de un euro, cuenta de un modo notable, comprensible y fascinante la guerra del Peloponeso. Atenas contra Esparta durante veintisiete años. Dos modelos políticos enfrentados. Como premio, el dominio de Grecia. Más que una guerra, *la* guerra. Creo que es lícito decir que la magnitud de la Antigua Atenas está inextricablemente vinculada a ese enfrentamiento militar. Fue causa y efecto al mismo tiempo, con lo que una vez que se entienda esa guerra se avanza mucho.

Esencialmente os ayudará a situar en el contexto adecuado cualquier noción sobre la democracia ateniense (algo de enorme importancia, teniendo en cuenta que nuestra idea de democracia proviene de allí). Dicho de otro modo: cuando digáis «democracia ateniense» sabréis lo que estáis diciendo. En este libro hay mil historias que os lo explican, a cuál mejor. Esta que sigue sería un espléndido ejemplo de una de las fragilidades de las que adolece toda democracia. Pues bien, sucede que en un momento dado de la guerra, cuando los atenienses están siendo diezmados por una peste devastadora y lo tienen realmente crudo, uno de sus aliados, la ciudad de Mitilene, en la isla de Lesbos, se pasa al bando de los espartanos. Sus razones tenían para hacerlo, y lo hicieron. Pese a estar exhaustos, los atenienses sabían que si lo dejaban pasar sin más se arriesgaban a que se produjera un efecto dominó, es decir, un «todos libres» que supondría el fin de su imperio. Así que hacen acopio de la poca energía que les queda, tanto humana como económica, y se disponen a asediar Mitilene. Los espartanos, que se supone que tendrían que haber ido corriendo en su ayuda, se pierden por el camino (no siempre tenían la buena forma que refleja la película *300...*). Mitilene sucumbe y Atenas recupera la ciudad. Y aquí es donde empieza la parte formidable de la historia. Los atenienses se reúnen en asamblea para decidir qué hacer con los traidores. Este era el modo que tenían de resolver los asuntos públicos, un modo tan delirante como genial. Se reunían en asamblea y votaban, todos. Se llamaba democracia. No hay que tomárselo al pie de la letra, hay que recordar que cuando ellos decían *todos* se referían a todos aquellos merecedores dignos de ello, lo que se traduce, para ser claros, en el quince por ciento de la población. Estamos hablando de quince o veinte mil personas, para que os hagáis una idea del espectáculo. Una locura. Imaginaos veinte mil personas que, bajo el influjo de la rabia, del miedo, del entusiasmo y de la exaltación discuten la pena que se debe infligir a una ciudad traidora. No es de extrañar la decisión que tomaron: matar a todos los hombres adultos y vender como esclavos a mujeres y niños. Una limpieza étnica. Votaron, decidieron y se fueron a dormir. Una nave zarpó con destino a Mitilene con el objetivo de transmitir la escalofriante sentencia (entonces no existía el email). Al día siguiente se despertaron y, una vez pasada la euforia, empezaron a preguntarse si era realmente justa la decisión que habían tomado. Volvieron a convocar la asamblea (una maravilla) y se pusieron a discutir de nuevo. Ya en frío, los pildorazos de los demagogos de turno parecían menos convincentes, mientras que la sobria opinión de algunos moderados se hacía más plausible. Al final decidieron cambiar la sentencia, condenando a muerte solo a los responsables directos de la traición (algunos centenares, aun así, y condenados sin previo proceso), pero perdonándoles la vida a los demás. El problema que se planteaba ahora era que la nave ya había zarpado, con su trágica sentencia a bordo. Así que (maravilla número 2) hicieron zarpar una segunda nave, con la contraorden. Salían con un día de desventaja. A los remeros les dieron bebida en abundancia y les prometieron un premio si conseguían alcanzar la primera nave.

Ahora os tenéis que imaginar la persecución de esas dos naves en el silencio del mar entre Atenas y la isla de Lesbos, y decidme si existe un modo mejor de resumir la tambaleante conciencia ética de cualquier democracia. (Y no, no os pienso decir quién llegó antes a Mitilene. Os levantáis, vais a una librería y os gastáis más de un euro comprando el libro. Así lo sabréis. O si no lo buscáis en Google, en el caso en que ya no os quede ni un gramo de poesía.)

Fred Vargas
LA TRILOGIA ADAMSBERG

«Aunque en realidad podría servir cualquier título de Fred Vargas, siempre que esté el comisario Adamsberg.»

La novela negra no me vuelve loco, odio el thriller. Lo digo tranquilamente y sin ningún tipo de orgullo. Simplemente no es para mí. Me produce malestar físico el hecho, muy apreciado por tantos otros, de tener que devorar un libro para saber cómo termina. Ya el hecho de que un libro «termine» lo encuentro poco elegante, imagínate si me puede gustar estar ahí sufriendo la tortura de uno que necesita quinientas páginas para decirme quién mató al cura. Tengo además que decir que no veo la proeza por ningún lado; que un lector llegue al final de un thriller es como alguien que tiene hambre y llega al final del tubo de las Pringles. Vaya cosa. Que se termine un plato de brócoli en la merienda y luego hablamos.

Yo más bien pienso que la razón por la que uno sigue leyendo, cuando tiene un libro entre manos, no debería ser que quiere llegar a ningún lugar, sino que quiere permanecer donde se está. No leí *El guardián entre el centeno* o *Cien años de soledad* para saber cómo terminaban. Me apetecía quedarme el mayor tiempo posible en esa luz, o levedad, o precisión, o locura. La escritura es un paisaje, no termina en ninguna parte, está ahí y punto. Lo que sí se puede hacer es respirarlo. ¿Y la trama?, dice. ¿La trama no cuenta? Claro que cuenta, faltaría más, hace años que nos hemos librado de los libros que no contaban nada, no volvamos atrás, por favor. Sin embargo, imaginaos que estáis sentados en una mecedora disfrutando de un paisaje, con el aire puro de la mañana. Ahora intentad por un momento dejar de meceros. No es lo mismo, ¿verdad? La trama en un buen libro es eso, el balanceo de la butaca. Y es también el viento que dibuja la hierba de ese campo, el paso de las nubes que sanamente cala sombras pasajeras en los colores. Tal vez el vuelo de un pájaro, y en algunos casos el ruido de un tren que pasa a lo lejos. La trama es lo que se mueve en el paisaje de la escritura, dándole vida. Es el encresparse del agua, tan importante que, de modo impreciso, lo llaman *mar*.

Ahora entenderéis por qué el thriller es una desconsideración para quien piense como yo. Y cuando se escribe con los pies, una ofensa. Alimento cierta gratitud solo por aquellos que se pierden por el camino: los que en su proceder hacia el nombre del asesino se demoran vagabundeando un poco, coleccionando mundo alrededor. Como un cazador que se pierde contemplando el campo o una mata de moras. El ejemplo clásico, en el ámbito policial, es Maigret: adoro que en lugar de buscar al asesino muchas veces se limite a *esperarlo*, reconstruyendo un mundo en torno a él. De ese modo lo leo y me transporto a París, siento el olor de las porterías, puedo rozar las sábanas de camas deshechas, saborear un Armagnac o percibir el viento que sopla sobre los puentes. El nombre del culpable me es a cada página más indiferente (a veces incluso a él, a Maigret). Si llego al final es solo porque, de algún modo, permanece el deseo de poner todas las piezas en su sitio, pero solo por eso, por completarlo, como cuando se endereza un cuadro colgado en la pared. Nada más.

Lo dicho, si sois escritores de novela negra, no contéis mucho con mi dinero.

Falta entender por qué entonces, en esta página, se habla hoy de Fred Vargas. La respuesta más simple es que escribe muy bien. Uno puede tranquilamente distraerse del entramado, que admito que *podría* ser emocionante, y disfrutar del panorama. De los diálogos perfectos, de la elegante comicidad, del cuidado con el que se eligen los adjetivos, del ritmo de la frase, de la absoluta ausencia de soluciones banales. Lo mismo me pasaba con Chandler, lo leía solo por su incomparable sentido del humor y por ese *sound* evanescente y fantasioso, jamás he entendido una palabra de lo que ocurre. Yo leo libros de Vargas porque se me olvida que son thrillers, de lo bien que están escritos. E incluyo en «escribir bien» una capacidad de inventarse personajes, y mantenerlos ahí, que en cierto modo envidio. Decidme a mí quién es ese Adamsberg. Su modo de amar a Camille, sus dos relojes, la maldad intermitente. Uno cuya respuesta preferida es «no lo sé». Me vuelve loco ese arte suyo del tiempo vacío, el talento para extraer esos paréntesis de vacío a su vida cotidiana. Quien es capaz de ese vacío, lo sabe utilizar, y este es el caso de Adamsberg. ¿Y su segundo, Danglard? Yo hacía años que lo esperaba, y luego me lo encuentro ahí, aunque estoy seguro de que ya existía en alguna parte. No es tanto por sus cinco hijos, o por los litros de vino blanco que se traga o por el peso que es capaz de soportar como cualquier gran personaje. Es ese modo que tiene de saber las cosas, todas y de cualquier tipo, en todo momento. Irreal, naturalmente, pero ¿para qué sirven los libros sino para corregir la realidad? ¿Y la teniente Retancourt, la gigantona que puede con todo? Yo entraría en el cuerpo de policía solo por tener algo que ver con algo parecido. No sé, Vargas los encuentra en alguna parte de su imaginación, donde descansa una especie de corrección de la realidad, y estampándolos en el papel consigue que nos venguemos de la modestia de nuestra cotidianidad. No sabría cómo definir un ejercicio de este tipo (¿literatura, quizás?), pero me alegro de que exista, de que alguien lo realice tan bien, y de que yo pueda disfrutarlo justo cuando estoy hasta la coronilla de todo (acabo de salvar de la extinción una expresión que tenía las horas contadas).

Rebecca West

THE SAGE OF THE CENTURY TRILOGY: THE FOUNTAIN
OVERFLOWS, THIS REAL NIGHT, COUSIN ROSAMUND

«Lo compré porque me gustó la portada, las esquinas redondeadas y un papel de impresión insólitamente elegante.»

No quisiera crear demasiadas expectativas, pero es lo mejor que he leído en estos últimos diez años. Son tres volúmenes de una única saga familiar que en los planes de la West tenía que cubrir buena parte del siglo XX. En total, algo así como 1.200 páginas (no tenéis que comprar por fuerza los tres a la vez). Mucha Inglaterra y un poco de Escocia y de Irlanda. Dos hermanas famosas pianistas, un padre que se fuga, un hermano inigualable, el cabello de Rosamund, las horas infinitas en el Dog and Duck, el inolvidable señor Morpurgo. Y el glorioso destino de todos ellos, como diría la West.

Yo no sabía quién era Rebecca West. Tampoco en Inglaterra hay muchos que lo sepan. Una amiga de Virginia Woolf, te dicen, y ahí se quedan. Y yo me pregunto cómo es posible que no ocurra lo contrario: ¿Virginia Woolf? Ah, sí, claro, una amiga de Rebecca West.

De los tres volúmenes a la West le dio tiempo de publicar solo el primero en los años cincuenta. En el segundo y en el tercero siguió trabajando toda la vida, mientras se dedicaba a otras cosas y buscaba, evidentemente, la perfección que no encontraba. Fueron publicados en los años ochenta como obras póstumas. Sin ninguna especial acogida, diría yo.

No sé, quizás no se deba escribir sobre aquello que tanto se ama, de ahí nunca sale nada bueno. Sin embargo este artículo se lo debo a la West (nunca se puede excluir la posibilidad de que lea *La Repubblica* allí donde esté ahora), así que, aun destinado al fracaso, intentaré explicaros cómo ocurrió.

No sabía que era una trilogía con lo que empecé a leerme el segundo volumen, *This Real Night*. Recuerdo perfectamente que las primeras páginas me parecieron de un aburrimiento total. Pocas veces había leído algo que transcurriera de un modo tan lento. Pero no lo hacía de modo forzado o como técnica, era todo muy natural. Esa mujer simplemente tenía ese paso y no había nada que hacer al respecto. Recuerdo que seguía leyendo pensando en otras cosas. Pasaba páginas sin casi haberme enterado de lo que había leído. Pero seguía *pasando páginas*. ¿Por qué diablos no lo dejaba? Inmediatamente me di cuenta de que había un motivo, y era que, en ese lentísimo transcurrir del río, de vez en cuando pasaba una barca. Una frase, un símil, una minúscula observación, la exactitud de un color, la milimétrica precisión de un adjetivo. Y cada vez que pasaba una barca, por raro que fuera, se producía una aparición memorable (concretamente los símiles, que te dejan con la boca abierta).

Así que durante un tiempo ahí estaba yo, paciente, esperando a que pasara una barca. Después, a medida que pasaban las páginas, sin darme cuenta, comencé a entender el río. Tardé un poco, pero al final algo sucedió, porque de repente estaba dentro del río. Ya no había lentitud sino un paso del corazón, irremediablemente apropiado. Lo que antes me parecía una colección agotadora de detalles inútiles ahora se me presentaba como la elaboración de un perfecto censo de las cosas, lo mínimo que se debe conceder al milagroso existir del mundo. A partir de ahí todo fue mucho más fácil. Hasta tal punto que habría podido no acabar nunca.

De ese modo fue como navegué a través de mil doscientas páginas. Lo que me tocaría explicar ahora es por qué lo viví de ese modo tan *mortificante* (un adjetivo que consideraba extinguido hacía décadas, sin embargo aquí no encuentro otro que describa mejor en una sola palabra el sonido de ese río, la dirección de esa mirada, el tono de voz, la luz). No sé, imagino que me quedé deslumbrado por la calma con la que esa mujer podía descomponer una sensación, una mirada, un sentimiento. La calma silenciosa, se me ocurre decir. Existen matices invisibles del existir, del simple existir, que solo los libros saben expresar, pero cuenta mucho el tono con el que se hace. El de la West no lo conocía, y probablemente era el único que estaba dispuesto a escuchar en ese momento. No siempre le apetece a uno tener encima la respiración de Céline o desollarse las manos todo el tiempo ante el virtuosismo de Proust; existen también esos momentos en los que no te hacen gracia las bromas de Salinger o te viene la náusea al enésimo superlativo de Conrad. La West (a quien yo incluiría sin ningún problema entre los más grandes) tenía un modo muy personal, a la hora de diseccionar el ser humano, que me recuerda la sabia cautela con la que se disponen las flores en un jarrón. Parecía tomar nota de las verdades de los seres vivos como si fueran un elegante adorno a la falsedad de la vida. No tenía pinta de querer resolver o revelar nada, simplemente le gustaba situar las cosas, una junto a la otra, de modo que pusieran de manifiesto la preferencia hacia un sentido, hacia algún tipo de belleza. Al hacerlo, no daba nunca la impresión de querer exhibirse con algo especial, ni de esperar con ello ninguna admiración. Disponía sus flores en el jarrón y mientras tanto hablaba de otras cosas. Rara vez he encontrado una actividad intelectual tan privada de violencia. Así, bajo la luz de lentísimos resplandores, he recibido mucho más de lo que habría podido ver por mí mismo, aprendiendo una serenidad que por lo general no me pertenece y un gusto que no sería capaz de enseñar. Lo he hecho con la lentitud que ella estableció y por la que ahora le estoy agradecido, porque al final la he asimilado, y no es raro que a veces me acuerde de ella y la reviva

por un momento, lo cual me procura una pasajera pero níti-
da satisfacción. Retomo la lectura al azar, pasando los dedos
por las esquinas redondeadas de las páginas, y nunca me de-
cepciona. Tanto es así que me pesa un poco hablar de ello a
gente a la que ni siquiera voy a conocer. O a lo mejor sí, de
un modo subterráneo e indefinible, todos nadando en el mismo río.

Lawrence Osborne
BANGKOK

«¿Cómo es Bangkok?, le pregunté una vez a un amigo mío que pasó algún tiempo por allí. Léete esto, me respondió.»

Un libro extraño. Una novela no es, pero un reportaje tampoco. A mí me ha hecho pensar en los *flâneurs* del siglo XIX y en la literatura que en ocasiones nació de ellos. Crónicas de un extravío, sin ningún motivo aparente. Aquí la anomalía es que el *flâneur* se pierde (o se encuentra, que es la misma cosa) no en un bulevar parisino o en un parque vienés, sino en una especie de maravillosa basura posmoderna, es decir, en Bangkok. No sé si alguna vez habéis estado allí. Yo durante un par de días hace años. Regresé de allí con la vaga impresión de que si Dios, en lugar de proceder a una creación ordenada, se hubiera limitado a estornudar sin ton ni son sobre el planeta Tierra, habría creado Bangkok. Pero está claro que no me había enterado de nada.

Osborne, según dice, acabó allí por una cuestión de dientes. Tenía que ponérselos nuevos y en Nueva York costaba demasiado. En Bangkok se las arreglaba con cuatrocientos dólares. «El mundo occidental estaba por encima de mis posibilidades.» Naturalmente, se me ocurren decenas de maneras diferentes de resolver el problema, pero a él la más sensata le pareció trasladarse a una megalópolis donde se cuecen de modo permanente diez millones de individuos, todos dotados de una lengua, una escritura y una idea de la vida que definir como fuera de nuestro alcance sería poco. Sin embargo, al final tenía razón él. Elegir el sistema de pagar a plazos o trabajar duro durante algún período no lo habría arrojado en ese mejunje thai del que después salió, aceptablemente sano, con un libro entre las manos de esos que a uno le gusta leer y que habría sido estupendo escribir. Hay que decir que ni siquiera intenta explicar Bangkok. Los misterios no se explican, se celebran. No le apetecía hacer una especie de guía de la ciudad para despistados. Posiblemente lo que tenía en mente era vaguear sin hacer nada, durante un montón de tiempo, y dejar que la ciudad le cayera encima, quizás para luego contar cómo le había ido. Una vez allí, descubrió que había un montón de occidentales ocupados en hacer lo mismo que él, cada uno a su modo. La mayoría había ido allí, agotada la buena voluntad o perdida la ilusión, para tumbarse en la playa y dejarse morir o desaparecer de forma espectacular. O al menos un poco alegre, eso. Osborne los aceptó como guías, sin hacerse demasiadas preguntas, lo que tuvo como resultado un viaje algo especial. Ir detrás de ellos mientras se buscan la vida entre los callejones de la ciudad viciosa y las fisuras de su desastre personal es un viaje al final de la noche, solo que inesperadamente menos literario y más real de lo que se pueda pensar. Si tiendes a simpatizar con la gente, y te encuentras junto a la cabecera de la cama de un putañero inglés que está solo como un perro pero rodeado de enfermeras a las que les puede pedir champán y quién sabe qué más, en el corredor de un hospital thai donde fue a curarse la decadencia del propio cuerpo, estás en un lugar en el que muchas cosas deben parecerte muy diferentes. Cualquier tipo de rigidez moral queda disuelta y la idea que se pueda tener de la dignidad sufre una importante sacudida. Osborne es muy bueno porque registra todo esto sin librar ninguna batalla ideológica, ni ninguna otra batalla, simplemente recoge la simpatía, y la sorpresa, por todas esas inesperadas formas que la peor gente tiene, a veces, de ser mejor. Y hay que decir que lo hace con una escritura rápida pero no insignificante, a la que el sofocante

85

bochorno de Bangkok le ha quitado toda la pijería pero no el recuerdo de lo que es escribir bien. Por ejemplo, es alguien que ante un grupo de risueñas turistas escandinavas puede escribir una frase de este tipo: «hablaban a un volumen tan alto que incluso las pausas tenían sonido».

No sé, yo a veces me encuentro con ciertos personajes en las lanzaderas que llevan a las puertas de vuelos internacionales. La vulgaridad, la meta exótica claramente sexual, el modo de comportarse como si fueran los dueños del mundo, la certeza apenas disimulada de creerse más listos que nadie. No me avergüenza decir que instintivamente los desprecio. No creo que sea por puro y simple moralismo, es más, eso lo excluyo. Es que, dado por sentado el derecho del ser humano a morir estando vivo, y no muerto, no me gustan los que optan por el saqueo en vez de por el rito de sembrar y recoger. Pero debo decir que Osborne consigue darles la vuelta a ciertas buenas convicciones de una manera que da gusto. Vais a escuchar la idea de que muchos occidentales van allí para hacerse viejos en un mundo donde los jóvenes no dejan de tocarlos. En un momento dado escribe: «El hecho es que acaban en un lugar donde son libres de vivir esa virilidad absoluta, no diluida, que los heteros generalmente ignoran.» Como veis, no lo dice con el entusiasmo de querer iniciar una batalla ideológica, es más, el asunto le importa realmente poco. Sin embargo, sí cree oportuno registrar que hay gente cuya vida está acabada, y en esos lugares se concede el privilegio de poder desaparecer, de los demás y de sí mismo, o de utilizar el cuerpo para otros fines diferentes a la colonoscopia, o de vivir en un asombroso enigma que cada día le da algo nuevo que descifrar, o de sentirse eximido de cualquier pudor, aunque solo sea por el calor que hace, o la sonrisa de esa de ahí que pasaba en moto, cuando se ha dado la vuelta para mirarte precisamente a ti, viejo, solitario y terminal.

Gianni Clerici
DIVINA. SUZANNE LENGLEN, LA PIÙ GRANDE TENNISTA
DEL MONDO

«Llevaba años preguntándome qué podría haber de mítico en esa marioneta vestida de blanco. Pues ahora ya lo sé.»

Casi no sabía quién era Suzanne Lenglen (1899-1938). Sí que recordaba, en cambio, esas fotografías suyas increíbles, flotando en el aire como si fuera una bailarina. Haciendo tijeretas a medio metro de altura y dibujando círculos en el cielo con esas piernas que parecían un compás enloquecido. Aunque empuñara una inequívoca raqueta, no parecía que estuviera jugando al tenis. Más bien parecía la estrella de los Ballets Rusos que de repente se ve metida en un torneo de tenis. La absurdidad de todo esto la completaba su insólita vestimenta. Esa mujer de edad indescifrable que hacía tijeretas en el aire jugaba con una enorme pamela de boda, una falda larga plisada, habitualmente rebecas y medias blancas de enfermera: el típico *atuendo* que te esperas de la señorita que empuja tu silla de ruedas, si eres un rico enfermo del corazón de los años treinta a quien sus hijos han metido en una bonita clínica de la Costa Azul. En cambio, ahora lo sé, lo que hacía era clavar al adversario con un golpe cruzado o ir a recoger al cielo una volea ganadora. Una cosa increíble en aquel momento, pero que producía un efecto más bien cómico. Estaba también la historia de la raqueta en la mano, tipo retícula, que junto a las medias blancas de enfermera y el simpático pataleo en el aire creaba un irresistible efecto de personaje de cuento de Luigi Sailer, que ayudaba poco a entender por qué, en lugar de reírse, la mayoría de la gente se arrodillaba ante esa foto.

Pues porque era la mejor tenista del mundo, ahora lo sé. (Debe de ser como aquellos que ven una foto de la Callas sin saber quién era, quizás vestida trágicamente de Ana Bolena, toda recelosa con pose melodramático, quizás con algo de sobrepeso. A ver quién se imagina que en ese momento estaba atravesando al adversario con un gorjeo, o recogiendo del cielo una nota aguda que después echaríamos de menos para siempre.) Solo para entendernos, jugaba tan bien que en un momento dado los franceses pensaron seriamente en llevarla a la Copa Davis, para jugar con hombres (según el reglamento, era posible). A ella la idea le pareció más bien «barroca», y es difícil imaginar una definición más elegante. Parece que tenía un talento inigualable, pero claramente no habría llegado a ninguna parte sin la otra virtud que requiere un campeón: la brutal necesidad de ganar. No le gustaba perder (y de hecho no lo hacía) ni siquiera jugando al ping-pong. Viendo las fotos y los pocos vídeos que existen resulta imposible entender en qué consistía su inimitable tenis, pero esto no es nada comparado con la fantasía que hay que echarle para entender cómo podía, en aquella época, ser una especie de sex symbol, o al menos un ejemplo de gracia seductora. De hecho, se trincó a un buen número de hombres, entre torneo y torneo, y arrancó a alguno de ellos de su respetadísimo matrimonio. Teniendo en cuenta los rasgos de su cara, y por tanto excluyendo que se tratara de su belleza, tenía que ser por fuerza una cuestión de *charme* y de un carisma superior. Fue, además, la primera que pensó que la ropa con la que una mujer jugaba al tenis podía servir para otras cosas y no solo para esconder el propio cuerpo. Entraba en la pista toda cubierta de pieles, por así decirlo, y la longitud de la falda o de las mangas era su pasatiempo preferido, con el que irritaba al público biempensante de la época. Además, esos tijeretazos que daba en el aire con las piernas en ángulo de bailarina de cancán ofrecían unas vistas que a ninguna otra se le habría ocurrido que podrían interesar a los apasionados del tenis. (Y yo mirando esas fotos me pregunto qué le ha pasado a una sociedad para que en menos de cien años pase de las faldas por debajo de la rodilla de la Lenglen a los bodys de Serena Williams. Por así decirlo, ¿se trata de un fenómeno atribuible a las conquistas del feminismo o al triunfo del machismo? O, si no, ¿es realmente razonable pensar que, una vez en casa, esos hombres de entonces y los de ahora hacen lo mismo en sus camas? Alguien tendría que plantearse estas preguntas.) Era mimada, caprichosa, testaruda y vanidosa; como *star,* era perfecta. Ni siquiera le faltaba una salud enfermiza con la que tenía siempre en vilo a los organizadores y con la que ofrecía a las adversarias el dudoso privilegio de ser aplastadas por alguien que parecía una moribunda en cada cambio de pista. Como todo número uno que se precie, era perseguida por una jauría de hambrientos números dos: los estuvo machacando durante muchos años y luego, eligiendo muy bien el momento oportuno, los dejó en la estacada para pasarse al profesionalismo, es decir, a las exhibiciones superpagadas. Me da a mí que así no se puede ser feliz jamás, aunque tal opción sea el corolario inevitable de cualquier gran talento.

Todas estas cosas las sé porque me las ha contado Gianni Clerici en este libro. Además de ser el que más sabe de tenis de todo el planeta (quién sabe qué soledad extraña), es también un escritor capacitado, elegante y comedido. Este libro lo ha escrito con una devoción para nada empalagosa, con la ironía justa y con una prosa categórica que no perdona, en la que mezcla su saber, la imaginación y el testimonio ajeno. Ningún error gratuito y, de vez en cuando, admirables passing-shots que rozan las líneas. Espléndido partido.

Giuseppe Tomasi di Lampedusa
EL GATOPARDO

«*Cuando los lees más de una vez, son clásicos. Cuando te los vuelves a comprar, es ya una enfermedad.*»

Entre las moderadas satisfacciones que uno tiene al llegar a cierta edad está el privilegio de volverse a leer un libro después de haber tenido tiempo de olvidarse de él, en la justa cantidad para no sentirse idiota. Yo, por ejemplo, voy por la tercera vez con *El Gatopardo*, y francamente, la segunda no me acordaba ni de cómo terminaba (aquí también es posible que tenga que ver la edad, pero de otro modo). No lo habría hecho si, en 2005, Feltrinelli no hubiera decidido celebrar su cincuenta aniversario volviendo a publicar algunos de sus libros legendarios en una edición especial, *vintage* (portada original y formato de bolsillo): uno, pequeñito y de color naranja, era sin duda la mejor y única novela que escribió Giuseppe Tomasi di Lampedusa. Comprado y devorado en dos días. El autor, en cambio, se dice que lo escribió en un par de años, cuando tenía casi sesenta, sin que nunca antes hubiera ejercido la profesión de escritor. Cuando el libro salió, en 1958, él ya no estaba allí para disfrutar del espectáculo, porque una muerte prematura y rapidísima se lo impidió. Habría podido tener un destino menos mordaz si Vittorini, que fue quien recibió el libro en Einaudi, no hubiera considerado inoportuna su publicación, convirtiéndose así, entre otras muchas cosas nobles, en el hombre capaz de rechazar en una sola vida *El Gatopardo* y *La paga del sábado* (de Fenoglio), haciendo de dos obras maestras dos tristes libros póstumos. ¡Y eso sin ni siquiera contar con un departamento de marketing que se lo aconsejara!

Han pasado muchos años desde entonces, pero la clara prueba de que es un libro tocado por la gracia no ha abandonado nunca a *El Gatopardo*. Es difícil que, de una sola vez, se pueda escribir magníficamente una historia maravillosa con la que explicar a la perfección un trozo de la historia de tu país. Conseguir dos de las tres cosas ya sería una proeza. Y, por si no fuera suficiente, hay que añadir que *El Gatopardo* tuvo también, por así decirlo, un significado social, ya que cuando por fin salió, superó con creces cualquier expectativa de ventas en la provinciana Italia lectora de entonces, abriendo las puertas de par en par a un público de lectores del que nosotros, muchos años más tarde, recogeríamos tanto sus exquisitos frutos como sus inevitables defectos. Diciéndolo simple y llanamente, hizo saltar la banca vendiendo de modo prodigioso, haciendo que desde entonces todo empezara a ser más complicado, y fascinante.

Una de las cosas que se han complicado tiene que ver con el italiano, entendida como lengua literaria, y ahí *El Gatopardo,* todavía hoy, destaca majestuosamente como una formidable lección. Incluso al más inculto de los lectores bárbaros le bastaría con abrirlo para entender que algo pasa. ¿Dónde ha ido a parar esa lengua tan refinada, exacta, opulenta, sensual, física y elegante? Cuando lees a Gadda piensas lo bueno que era, cuando lees a Calvino piensas lo escaso que eres tú, pero cuando lees *El Gatopardo* lo que piensas es lo hermoso que es el italiano. Nada le podrá quitar nunca a ese libro esa mágica capacidad de encarnar no ya el talento de un escritor sino el de una lengua, así como de cierta cultura literaria. Creo que esto tiene que ver con su ausencia de virtuosismo, con su naturalidad, con su normalidad. No se fuerza el lenguaje, existe solo el desarrollo de la potencialidad de un léxico resplandeciente que respeta ciertas armonías rítmicas atávicas, con el sabor de cada preciado sonido, y con la ambición de no perder por el camino ninguna posi-

91

ble precisión. No me apetece poner ejemplos, no serían convincentes, hay que leerlo para entenderlo, aunque claro, si en la décima línea, al terminar el rezo del rosario en casa, ya se te pone delante la minúscula revelación de una frase como esta: «Ahora, acalladas las voces, todo volvía al orden, al desorden acostumbrado.» (¿Cuándo demonios se dejó de escribir *acalladas?* ¿Y por qué?) Treinta páginas más allá, el príncipe regresa a casa, después de haber sobrevivido a una cura de salud en casa de su habitual amante y prostituta de confianza; durante la noche, caminando por la calle en un dudoso estado de ánimo y hastiado de la conversación del padre Perrone, el cura a quien, por una simetría ética que no vamos a explicar ahora, le había pedido que lo acompañara. Y bueno: «El príncipe apenas lo escuchaba, sumido como estaba en una serenidad satisfecha, pero también maculada de repugnancia.» (¿Cuándo demonios dejamos de pensar que *maculada* era ligeramente diferente, en algunos casos incluso más preciso, y en cualquier caso más musical que *manchada?*) Como os decía, hay que leer para entenderlo.

Para evitar equívocos, es importante aclarar que escribir hoy como lo hacía Tomasi di Lampedusa sería ridículo. De hecho, durante algún tiempo la grotesca imitación de esa natural elegancia dio lugar, en nuestro país, a una especie de «cortesía literaria» que la mejor narrativa italiana de los últimos veinte años se ha encargado, con éxito, de aniquilar. Dicho esto, sé que *El Gatopardo* ayuda a recordar tres cosas: la primera, que el italiano es una lengua fantástica, con lo que estaría bien transmitirla toda cuando se escribe, o al menos no transitar demasiado por el atajo del dialecto; segundo, escribir libros es una cosa, hablar es otra, y si tuviera que explicarlo mejor diría que en la escritura literaria una lengua nacional se hace adulta, en el habla vuelve a ser niña (ambas experiencias, por cierto, fundamentales); tercero, que si al hecho de escribir libros se le suprime la ambición de habitar plenamente y de modo suntuoso una lengua –como hacen los entendidos, expertos o exploradores–, el perfil del escritor se desfigura hasta tal punto que cualquiera que sea lo suficientemente avispado y paciente será capaz de escribir un libro. Lo que (y esto espero no tener que explicarlo) no supone para nada la conquista de la cultura que uno cree.

Yasunari Kawabata
LA CASA DE LAS BELLAS DURMIENTES

«A veces sucede que aún me queda un poco de paciencia de reserva, ahí dentro, entonces me compro un Kawabata y me concedo el privilegio de leerlo.»

Una historia preciosa, y si tenéis algún tipo de duda que sepáis que García Márquez, el hombre con más historias en la cabeza del planeta Tierra, no pudo resistir la tentación de hacer un *remake* (es como si Madonna te robara la falda simplemente porque le gusta). De acuerdo, quizás era ya un poco mayor y estaba cansado (adoro a los escritores cuando son mayores y están cansados), pero el hecho es que en lugar de tirar de su infinito repertorio se postró ante este libro y lo volvió a escribir a su manera, en salsa caribeña. Después, decidió titularlo *Memoria de mis putas tristes*. Basta con poner los dos títulos uno al lado del otro, el suyo y el de Kawabata, para entender que el océano Pacífico no está ahí por casualidad, entre Colombia y Japón.

Una historia bellísima, tanto que para algunos es el mejor relato erótico de la literatura universal (imagino que después de *Lolita*, obviamente). Yo no sabría decirlo, no soy un experto en la materia, aunque es verdad que cuando Kawabata se puso a mover por el tablero las piezas del relato, con esa extenuante meticulosidad que lo define, tenía ya pensada una partida memorable. Puede que la pensara en la profundidad de alguna noche de insomnio, o quizás le afloró después de toda una vida consumida por el deseo. En cualquier caso estas son las piezas del tablero: un extraño burdel, viejos clientes ya impotentes y unas jóvenes hermosísimas. Y hasta ahí sin problema. Luego añade su propia variante. Las jóvenes duermen bajo los efectos de potentes somníferos, y los viejos se meten en sus camas para poder pasar una noche junto a esos cuerpos magníficos. Antes o después se quedan dormidos y cuando se hace de día salen en silencio de la cama mientras ellas aún están sumidas en el sueño. No hay ningún intercambio de palabras, y los viejos no saben, ni nunca sabrán, nada de ellas. Kawabata añade un detalle que le debió parecer fundamental, y es que todas las jóvenes son vírgenes. Luego hizo lo que le quedaba por hacer. Eligió a un tipo, le puso un nombre, Eguchi, e hizo que entrara en el burdel, casi por casualidad la primera vez; después, las otras cuatro, incapaz de resistirse a la tentación. Le pareció mejor elegir a un hombre ya mayor pero no completamente impotente. Y entonces ya todo lo debió de ver perfecto para comenzar a jugar la partida.

(Un consejo: si os parece una historia de erotismo exquisitamente machista, antes de infravalorar a Kawabata intentad poneros en el lugar de una de las jóvenes.)

¿Qué es lo que sucede exactamente en esas camas? Esta es sin duda la pregunta con la que el lector se prepara para asistir a la partida. Pues cosas todas muy japonesas, se me ocurre decir (gestos milimétricos, deseos extenuados, sensación de muerte, culto y desprecio por el cuerpo). Pero tengo además que añadir que todo es tan *típicamente* japonés que paradójicamente hace que te preguntes si es Kawabata el que sabe contar de maravilla el erotismo japonés, o somos nosotros, occidentales, los que nos hemos hecho cierta idea del erotismo japonés leyendo a Kawabata. Ante la duda, prefiero recordar una de las primeras cosas que hace Eguchi, en esa cama, con la respiración entrecortada ante la belleza de la joven, y en su pecho un segundo corazón que comienza a latir furiosamente. Un gesto invisible, prolongado, muy sensual y típicamente proustiano: *recordar*. Observar a la joven, rozarla, tocarla, irremediablemente hace que se acuerde de todas las mujeres a las que ha amado, una tras otra, con todo tipo

95

de detalles, como si los recuerdos se fundiesen con el calor de ese cuerpo, y la temperatura de esa belleza los devolviese del hielo del olvido. Os parecerá un rito de viejos, pero no os dejéis engañar por las apariencias. Ahí se está hablando del misterioso instinto que hace que veamos siempre en la persona amada la globalidad de todo lo que sabríamos amar o hemos sabido amar. Ahí se habla de los innumerables fantasmas que habitan el lecho de amor, haciendo de ellos un lugar espinoso y magnífico.

Me queda solo señalar una advertencia necesaria: el libro lo ha escrito Kawabata, así que es una experiencia de lectura muy singular. Rara vez sucede en la literatura sentir esa profunda e insondable lejanía; la clara percepción de una cultura diferente, fiel a un gusto y a una idea de belleza cuyos parámetros desconocemos, así como sus reglas más esenciales. Un canon que no nos pertenece. No se trata solo de la lentitud o del gusto por el detalle. Es esa idea del ritmo, de la elegancia, de la distancia, que no está al alcance de la mano de un occidental. Se necesita paciencia y mucha fe. En el caso concreto de este libro os irritará, por ejemplo, el flojísimo final. Pero también ahí se trata de una cuestión de cultura y no de imprecisión técnica. Casi todos los finales de los libros de Kawabata son irritantes, a veces ni siquiera los escribía, de todos modos poco le importaban. Imagino que para él la idea de que una historia deba tener un final es tan estúpida como esperar a que suceda algo mientras se contempla un árbol en todo su esplendor floral. Y decepcionarse si no ocurre nada más allá de ese esplendor. Claro que la idea podría resultar incómoda para quienes la gramática de la narración es una puerta de entrada a Hollywood.

Sergio Luzzatto
PADRE PIO. MIRACOLI E POLITICA NELL'ITALIA DEL
NOVECENTO

«Cuando lo vi ahí, en una librería, pensé que antes o después
había que entender este asunto del padre Pío. Me lo compré.
A veces pasa.»

Durante muchos años, desde los diez más o menos, el
padre Pío fue para mí un personaje misterioso que existía
solo en casa de la abuela, en las revistas del salón o, peor aún,
en las del baño. Tenía que ser alguien del cine. Seguro que lo
era, con esas señoritas tan guapas que compartían portada
con él. En ocasiones lo veía en los laterales de algunos camio-
nes por la autopista, cuando mi padre los adelantaba, algo
que casi nunca hacía. No entendía la relación que podía tener con las revistas, pero tampoco me importaba. En aquel
entonces tenía esa enorme tolerancia al misterio típica de los
niños de diez años: lo suficientemente inteligente para rete-
ner en la memoria hechos curiosos y divinamente propenso a
ignorar las causas que los originan. Bastaba con que fuera
buena: Papá Noel, papá que pone una semillita en la barriga
de mamá. Un período de gracia absoluta, y esa levedad no se
vuelve a tener nunca más en toda la vida.

Os decía que, aparte de adelantar poco en la autopista,
nosotros éramos muy católicos en la familia, pero también
muy nórdicos y conciliares (significa que la Iglesia que surgió
del Concilio Vaticano II era nuestra Iglesia y no una desvia-
ción modernista a la que execrar). Ni que decir tiene que el
padre Pío no representaba nuestra idea de lo que significaba
ser un santo. Para un turinés educado en la lectura de don
Mazzolari, un requisito de base para ser santo era, por ejem-

plo, NO hacer milagros. El padre Pío los hacía a montones (algunos eran estrepitosos: decían que cuando le sacaban una foto sin que él quisiera, su imagen no aparecía en el negativo). Después estaba lo de los estigmas, claramente excesivo para gente que considera el beis un color llamativo. En fin, que no iba con nosotros. Ni siquiera nos hacíamos demasiadas preguntas sobre el fenómeno. Habría sido como hacerse preguntas sobre Sophia Loren.

Luego me dediqué a otras cosas en la vida y reconozco que el padre Pío de algún modo se me olvidó. Aunque en realidad tenía una cuenta pendiente con él, como se tiene con todos esos misterios que se incubaron en la infancia. Así que cuando me topé con este libro pensé que esta vez era la vencida. A la cuarta página ya me había capturado. El hecho es que el asunto mismo del libro es de por sí fascinante: ¿se puede observar el singular fenómeno de una santidad como un hecho histórico, sustrayéndolo al dominio de la irracionalidad e intentando recomponerlo en un cuadro enteramente racional? Es decir, ¿queda algo de un fenómeno como el padre Pío si suprimimos el atributo de la fe (en todas sus formas, desde la religiosidad más vertiginosa a la simple creencia)? La respuesta es sí. En el caso específico, lo que queda es la historia de un país, el nuestro. Luzzatto evidentemente tiene el instinto de creer en un fenómeno que desde siempre me ha fascinado, esto es, la posibilidad de que algunas pequeñas piezas de la realidad (en este caso, de la historia) contengan el mapa del todo, de ese todo del que forman una ínfima parte. Sin esta acrobática convicción buena parte de lo que cuenta perdería todo su sentido. Pero si se cree, entonces la cosa cambia, y en este libro Luzzatto cree que analizando la pequeña pieza del padre Pío podrá verse todo el mapa de Italia, la geografía que lo ha compuesto a lo largo de buena parte del siglo XX, así como la realidad política y social de nuestro país. De este modo lo que este libro se pregunta no es tanto si los estigmas eran auténticos o no, o si el fraile tenía una fe a prueba de bombas. La pregunta es de qué está hecho un país que coge esa anomalía y, en lugar de eliminarla, olvidarla o estrangularla, hace de ella uno de los telares sobre los que tejer la tela de la propia historia. Una pregunta interesante, sin ningún tipo de santo (perdón).

Y es así como se leen centenares de páginas (bien escritas, por cierto) y se ve pasar Italia. El bienio rojo, la herida de la Primera Guerra Mundial, la epidemia española, la invención del clerofascismo, el milagroso auge de la Iglesia después del abismo de impopularidad tras el asalto de Puerta Pía, el progresivo convertirse en guía espiritual y política del país; y luego los bombardeos americanos, el taumatúrgico papado de Pío XII, el ajuste de cuentas posbélico, el milagro económico, el Concilio Vaticano II, la DC, el papa Wojtyła... Y el padre Pío, presente en todas partes. En todo momento se puede entender el país si entiendes dónde estaba él, lo que estaba o lo que no estaba haciendo, lo que la gente creía que hacía. Él y sus milagros, en cada uno de los cuales puedes ver la incursión incontrolable de lo sagrado, si crees, pero también el código exacto para poder entender el texto que, secretamente, los poderes de Italia estaban escribiendo en ese momento. Fantástico. Tanto es así que al final ni siquiera te importa saber si levitaba de verdad, el santo, o si era cierto que se apareció en el cielo delante de los bombarderos americanos para detenerlos. Este tipo de cosas dejan de importarte. Otro misterio, Italia, país que ves aclararse lentamente bajo tus ojos, lo cual parece que es condenadamente más urgente, y valioso y útil.

Elmore Leonard
THE COMPLETE WESTERN STORIES

«Creo recordar que fue el editor el que insistió en que lo leyera. Insiste siempre, todo hay que decirlo. Pero esta vez tenía razón.»

Seré sincero, yo con Leonard tengo un problema. Empiezo un libro suyo todo ilusionado, devoro la primera mitad, después no sé qué pasa que me bloqueo, y al final no consigo terminar ni siquiera uno. Imagino que es un problema mío, obviamente, pero tampoco se puede negar que es uno de esos escritores que empiezan como Dios y luego carecen del talento del desarrollo. No sé, no lo tengo claro. A lo mejor es un mago de los finales, y yo, como nunca llego, no puedo saberlo. Lo que sí sé, en cambio, es que este libro lo he terminado, porque son cuentos, cuentos del Oeste. Uno tras otro, sin parar, y cuando estaba ya en la última página, si por mí hubiera sido, habría seguido leyendo un mes más.

Escribir un western –siendo este un género cinematográfico por antonomasia– no es cualquier cosa, podría ser equiparable a hacer una mayonesa sin huevo (hay quien la hace). Poneos a escribir un tiroteo y entenderéis lo que quiero decir. Uno se ve obligado a decantarse más por lo introspectivo, por no decir por lo filosófico, y acaba con pistoleros que piensan muchísimo, con el riesgo que eso conlleva (si piensas mucho NO eres un pistolero, es evidente). Leonard se las ingenia con una jugada lateral que, si se quiere, es la misma que hizo grande a Sergio Leone: hacerlos pensar poco pero con movimientos lentos y hablando como Dios. Cuando después haya que disparar, lo más importante ya está hecho. Para entenderlo mejor, recuerda que quien ha disparado o va a disparar a un hombre está consagrado para siempre y en

100

cada instante de su vida. Por lo cual hablará como un héroe bíblico y se moverá entre las cosas como si al tocarlas las creara. No es verdad en la vida real, pero sí lo es en las narraciones. Una especie de convicción de mucho éxito. El resultado es una prosa muy particular, muy literaria, en la que cualquier pequeño gesto o palabra brillan con una solemnidad casi litúrgica. Básicamente los humanos se hallan siempre en el corazón de un duelo, incluso cuando piden un whisky o se quitan las botas, del mismo modo que Aquiles y Héctor nacieron para combatir, en la *Ilíada,* y de hecho no creen poder vivir ajenos a esa gloria. Vista así, la epopeya western se convierte sin duda en un material muy bueno para escribir, porque la escritura posee, si se quiere, esa lentitud y esa capacidad de hacer solemne el detalle, esa posibilidad de hacer hablar a la gente como si estuviera siempre tocada por la gracia de Dios. Ejemplo: «Jimmy Robles recogió la camisa empapada en sudor que acaba de quitarse y desprendió del bolsillo el distintivo de plata. Antes de mirar a su tío, empañó el trozo de metal con su aliento restregando la superficie sobre la tela que le rodeaba el tórax. Después lo prendió en la camisa limpia observando lo que estaba grabado en el metal y que, según John Benedict, decía *Ayudante del sheriff.* "Tú bebes demasiado", dijo con talante reservado, aunque sin poder evitar sonreír ante aquella imagen indolente desparramada en la cama, un pie apoyado en la baranda que sobresalía de la ventana y con el mundo que podía terminar en ese mismo momento. "¿Por qué no lo dejas durante algunos días y ves cómo te sientes?" El tío cerró los ojos. "El shock podría matarme." "Te estás matando lo mismo." "Pues qué forma tan buena de morirse", masculló el tío.»

Si ralentizáis un poco todo y lo trasladáis a la pantalla el resultado es Sergio Leone (ya os habréis dado cuenta de que el principio de *Érase una vez el Oeste* es un libro escrito más que una película). Y si además añadís un poco de ambición,

101

un montón de paciencia y cierta dosis de lúcida desesperación, terminaréis con un Cormac McCarthy entre las manos.

Y como McCarthy es uno de los tres o cuatro grandes escritores que todavía viven, la cosa no deja de ser curiosa, y hace que uno se pregunte sobre la misteriosa génesis de la gran literatura, deudora habitual de la más alegremente llamada plebeya. Quizás habría que acostumbrarse a pensar que no existen grandes escritores sino grandes libros. Y que además los grandes libros brotan de la tierra de los relatos después de recorridos subterráneos que desconocemos, como lagos que acogen la llegada de los más dispares manantiales y mezclan todo tipo de nieves en una sola agua a la que luego le ponen un nombre, y ese nombre es el de una persona que escribe. Es decir, a lo mejor McCarthy nunca leyó nada de Leonard, pero eso no cambia nada, hay toda una corriente subterránea que los ha utilizado, a los dos, para incubar un tipo de grandeza a la que después ha dado a luz. De vez en cuando, me imagino la vida cultural de los humanos como una especie de corteza terrestre muy resistente, y a los grandes autores como cargas de dinamita que pueden hacerlas explotar para que de ellas salgan ríos subterráneos que quién sabe de dónde vienen y cuántos años llevan viajando. Luego el río se confunde con el autor, aunque en realidad el autor es solo fuerza, paciencia y megalomanía. Es una intensidad, es una explosión. (Esa es la razón por la que los grandes están un poco tocados y rara vez son capaces de explicar lo que han hecho.)

Y, para que conste, de tres de estos relatos Hollywood ha hecho otras tantas películas que ahora forman parte del mundo del cine: *El tren de las 3:10, Los cautivos* y *Que viene Valdez.* Lo que Leonard pensaba sobre este asunto se resume en una breve declaración en la que se limita a decir «lo fácil que le resulta a Hollywood cargarse un simple cuento».

Mary Beard
THE PARTHENON

«*El edificio más bello del mundo y ni siquiera sabía el nombre del arquitecto. Vi el libro, lo compré y descubrí que los arquitectos fueron dos y no se llamaban Fidias.*»

Por muy placentero e instructivo que pueda resultar el estudio de las cosas bellas –ya sean cuadros, monumentos o teteras–, no tiene comparación con el hecho de preguntarse por la historia que rodea su acogida, es decir, por la historia de su cultura, es decir, por la confluencia de fuerzas económicas, políticas, estéticas y casuales capaces de generar un determinado consenso colectivo que diferencia las cosas bellas de las que no lo son. Lo que quiero decir es que estudiar cómo es *Madame Bovary* es interesante, pero entender por qué esta novela, y no otros muchos miles, es para nosotros un tótem, es fantástico (y desde luego no creo que sea porque es más bonita). Hay mucho darwinismo en el proceso que hace que una falsificación se convierta en una obra maestra, y el resultado de esa durísima selección no se explica solo por las características objetivas de la obra. Las características del ecosistema que las acogió –a veces durante milenios– son decisivas a este respecto. Sobreviven las obras más adecuadas, de ello no hay duda, e intentar entender «adecuadas a qué» es una aventura intelectual irresistible.

Pongamos por caso el Partenón. Muy bello, de acuerdo. Pero el color que tiene ahora no era el suyo original. Para nosotros es el emblema de una belleza solemne y al mismo tiempo sobria y equilibrada, en cambio, en sus orígenes, tenía partes decorativas riquísimas, con colores muy vivos y de una espectacular alegría. Cualquiera que sea la idea que nos hayamos hecho de su belleza, hay que señalar que para los clásicos, durante siglos, no era más que la fachada de lo que, para sus ojos, era la verdadera atracción, una enorme estatua de la diosa Atenea que se erguía dentro del templo. Esa sí que, según ellos, era la verdadera belleza, tanto es así que la describieron al detalle, de modo que hoy nosotros podemos hacernos una idea de ella sin haberla visto nunca. Una resplandeciente estatua de trece metros tallada en madera y recubierta de oro y marfil. Pero no penséis en nada parecido a la Venus de Milo. Una copia fiel en tamaño natural, la podéis ver si vais a Nashville, Tennessee. El hecho de que haya sido reconstruida allí, con todo el respeto, os puede sugerir cierta condescendencia hacia lo que nosotros solemos llamar *kitsch*.

Así es como surge la pregunta de si fue el Partenón el que originó cierta idea de belleza clásica o si, en cambio, fue cierta idea de belleza clásica, totalmente abstracta e imaginaria, la que suscitó la grandeza del Partenón. La pregunta no carece de fundamento, sobre todo si se tiene en cuenta que en cierto sentido el Partenón, en los siglos XIX y XX, fue reconstruido según las expectativas que se tenían de él, es decir, se pretendía convertirlo en ejemplo de cierto gusto y de cierta cultura estética. El margen de acción era muy significativo, ya que se sabía muy poco de esa enorme cosa, por lo que cualquier intento de reproducir con fidelidad el original era una batalla perdida (ni siquiera se conoce exactamente por qué se llama así; dudo incluso que fuera un templo, me parece mucho más probable que fuese una caja fuerte, sobre todo teniendo en cuenta que allí guardaban las ganancias del imperio ateniense bajo la custodia de la estatua de trece metros). En definitiva, se podía proceder a la reconstrucción con cierta libertad. Lo primero que hicieron fue retirar frisos y metopas con la excusa de ponerlos a buen recaudo en un museo, obteniendo así una estructura mucho más limpia, sobria y comedida.

Después tuvieron que volver a ponerlo en pie (dado que los otomanos lo habían usado como depósito de pólvora y los venecianos tenían muy buena puntería, su estado no era el mejor del mundo), pero no lo levantaron completamente, dibujando esas siluetas que todos nosotros admiramos y que son una obra maestra de invención cultural; un poco en ruinas pero no demasiado, potente pero al mismo tiempo frágil, definitivo pero inaprensible, perfecto pero incompleto. Lo mejor que una sensibilidad romántica habría podido encontrarse para reafirmar sus propias pasiones.

Habría que añadir que, naturalmente, no fueron los griegos los que realizaron todas esas operaciones, sino las grandes potencias europeas del momento, es decir, los amos del mundo. Esto llevaría a reflexionar sobre la descomunal potencia de la supremacía cultural, aunque prefiero no entrar en detalles y señalar simplemente que el libro de la Beard es una guía ideal y rápida de estos y otros temas. Admira y respeta el Partenón con inmensa devoción pero sin demasiadas reverencias. A partir de los trucos ópticos que esa obra maestra oculta al significado político que la democracia ateniense atribuía a esas columnas, el lector podrá descubrir una infinitud de cosas que erróneamente creía conocer. Un buen libro, divertido e instructivo.

Inka Parei
LA LUCHADORA DE SOMBRAS

«En aquel entonces compraba casi todos los libros que publicaba Instar. Luego me he perdido un poco.»

No recuerdo con exactitud cuándo lo leí –hace años–, pero sí recuerdo bien la sensación de un absoluto y feliz descubrimiento: esta escribe como Dios, pensé. La solapa del libro decía que había nacido en 1967 en Frankfurt, y finalizaba con una frase que no podía pasar por alto: «Con las primeras veinte páginas de su próximo libro, todavía inacabado, ha ganado ya el prestigioso Premio Ingeborg Bachmann.» ¡Bum! Muy a menudo, detrás de frases de este tipo se esconde alguien del departamento de marketing que ese día se levantó con ganas de exagerar un poco. En ese caso, sin embargo, había que admitir que uno abría el libro y lo que allí encontraba era original, potente y, de un modo muy personal, muy bueno.

El tipo de libro que yo jamás escribiría. Por ejemplo –si nos ponemos de una vez a hablar un poco de técnica–, lo escribe todo en presente. Yo tengo problemas con el presente: por una parte me parece demasiado frío, y por otra demasiado agresivo. Al final el resultado es llevar al lector hasta el borde de lo que se narra sin concederle siquiera la clemente distancia del imperfecto: es como obligar a alguien a comer con la cara dentro del plato. Quizás lo que me crispa es esa frialdad que siempre he considerado un poco falsa, porque detrás está la idea de que poniendo las cosas en primera fila el autor, automáticamente, se desplaza a un segundo plano y el contenido gana en veracidad. Típico razonamiento que me pone de los nervios.

Otra de las cosas que se hace en este libro cuando se narra es citar millones de objetos. Quiero decir que si en un libro un personaje entra en un baño, es el escritor el que luego decide cuántas cosas de ese baño citar en la página. Puede que le baste con una: un baño blanco. Acaso le parece mejor añadir un par más de ellas: un baño blanco con azulejos y un ventilador que hace ruido al girar. En este libro, en cambio, se cita todo. En un momento determinado la protagonista entra en una habitación y se encuentra con todo patas arriba. Como veis bastaría con una sola expresión («todo patas arriba»). En cambio la alemana escribe lo siguiente: «Como una densa manta de nubes, el polvo se acumula a lo largo del zócalo hasta la base de una cama de latón sobre la cual descansan gruesos edredones, ropa arrojada sin orden ni concierto, libros, una bandeja con tazas de té, vasos de tubo y botellas, paquetes aplastados de caramelos de menta, pilas, un walkman, casetes y una caja de preservativos. Un caballete de pintura en seda manchado y doblado, una funda de guitarra, partituras, dos ceniceros llenos y varios destornilladores. Un jarrón derramado con flores falsas, una piedra pómez para eliminar las durezas de los talones, pinzas para tender la ropa, horquillas, tornillos, pasadores para el pelo, una tarjeta de teléfono rayada y uñas postizas rodeadas de una capa de granos de arena y migajas de pan.» Aplausos. Claramente no es este el modo que yo tengo de escribir, aunque hay algo de admirable en él, de no inútil: cierta clara belleza.

Sin embargo, lo increíble es que, con estas premisas, y todos esos objetos alrededor, y todos esos gestos meticulosamente censados en cada uno de sus pasajes, el libro, al final, no resulta aburrido en absoluto; es más, en cierto sentido es un thriller. Digamos que un thriller muy muy refinado, pero en todo caso un libro con suspense y escenas de acción. Años más tarde, leyendo a Stieg Larsson (con el mismo placentero disgusto con el que, muy de vez en cuando, como *pied de porc pané)*, me pregunté dónde demonios había visto yo antes un personaje como Lisbeth Salander. En el libro de la Parei, ahí es donde lo había visto, en la protagonista del libro de la Parei. Esto para decir que no es una historia de sentimientos sutiles o de microfenomenología esnob: gente que huye, cuchillos que vuelan y artes marciales.

Así que al final uno termina pensando que vaya talentazo. Se podía haber jurado que a esa de ahí la habríamos tenido durante años brillando en el panorama un tanto anémico de la literatura europea. Y mientras escribo estas líneas, en cambio, debo señalar el hecho de que en realidad ha desaparecido en la nada. No lo digo con satisfacción, lo digo con pesadumbre. Al menos en italiano, nunca más se ha vuelto a ver nada suyo. He descubierto que como mínimo ha escrito otro libro, pero evidentemente nadie en Italia pensó que merecía la pena. Me he obstinado y he ido a buscarla en internet. La he encontrado, aparentemente feliz, recorriendo Nueva Zelanda en furgoneta y escribiendo sus notas de viaje en un blog. Me parece muy bien, cómo no, aunque un poco es como si dentro de unos años me encontrara a Federica Pellegrini haciendo de animadora en un parque acuático.

A lo mejor después, dentro de unos años, Inka Parei reaparece con una obra maestra, quién sabe. Pero mientras tanto aprovecho para soltaros algo a lo que antes o después volveré. Podré equivocarme, pero hoy quien tiene talento para escribir un libro lo tiene también para entender que no vale tanto la pena hacerlo. Quiero decir, lo puedes hacer, pero pocos son los que se dan cuenta, a nadie le apetece hablar de ello, el talento es considerado una falta de elegancia, las novelas un género periférico. La corriente del río arrastra más allá, y son muchos los que tranquilamente deducen que es mejor estar vivo que ser bueno en algo. Después de todo, si es verdad que uno tiene un talento descomunal para escribir, lo tendrá también para hacer bien otras muchas cosas. Con muchas de ellas resulta más fácil tener la sensación de existir realmente, de estar oficialmente vivo. Sé que dicho así suena más bien antipático; sin embargo, es un asunto muy interesante que nada tiene que ver con la melancolía. Volveremos a hablar de ello, lo prometo (y hacedme el gran favor de no malgastar vuestro tiempo pensando que estoy hablando de mí. Gracias).

Dave Eggers

UNA HISTORIA CONMOVEDORA, ASOMBROSA Y GENIAL

«¿Cómo puede uno resistirse a comprar un libro en el que el autor ha escrito, a su manera, hasta el colofón?»

Otra ópera prima que me deja atónito. Lo que más me impresionó al leerla fue la cantidad de energía que desde el principio había ahí dentro. Es una característica típica de los primeros libros. Después de años de compresión, de material acumulado, de vida silenciada, el primer libro es como abrir un dique. Todo sale fuera a raudales, con un derroche y un exceso de generosidad del que después te arrepentirás toda tu vida pensando que fue una total idiotez, pero que, al mismo tiempo, echarás de menos como algo que nunca más serás capaz de hacer. La fuerza de este Eggers era tan desbordante que lo inundaba todo. El prólogo es una especie de cuento posmoderno, dieciséis páginas de agradecimientos, un pequeño esquema con las metáforas a las que más se recurre en el libro (con su correspondiente explicación), y luego de nuevo agradecimientos a raudales (se daba las gracias incluso al servicio de correos estadounidense). Llegados a ese punto, lo único que permanecía intacto era la página de créditos (esos créditos de tipo fiscal contenidos en la primera página de la izquierda que nadie suele mirar nunca). A Eggers, el hecho debió de gustarle bien poco, de modo que si leéis esa página descubriréis que la escribió él mismo. Naturalmente, en lugar de un par de líneas anónimas, hallaréis unas interesantes anotaciones sobre el mundo y las tendencias sexuales del autor. No es broma, era todo fantástico.

Luego, claro, llegaba el libro en sí, y ahí está la madre del cordero (he aquí otra expresión en vías de extinción), porque uno puede abrir el dique, pero después tiene que ser un ingeniero hidráulico o un experto en dársenas para obtener algo parecido a un libro, por no decir un *buen* libro. Pues también en eso Eggers era extraordinario. Había de por medio mucha destreza y toneladas de técnica, pero lo sorprendente era ver cómo desaparecían a lo largo de la narración, dejando atrás solo la magia de una naturaleza absoluta que por alguna misteriosa razón circulaba disciplinada y perfecta. No hay mucha gente por ahí capaz de hacer cosas de este tipo. Me acuerdo de que me quité el sombrero, como había que hacer, y simplemente me rendí ante la idea de que había gente, viva, mucho mejor que yo.

Hay que decir que la historia de la que Eggers nos habla en el libro es, literalmente, la suya, tanto es así que él mismo considera este primer libro un volumen de *Mémoires* y no una novela. De hecho, ni siquiera se ha tomado la molestia de cambiar los nombres. Le tocó ver morir a sus padres, uno tras otro, de cáncer y de un modo desgarrador e inesperado. Después trató de ocuparse de un hermano pequeño que se había quedado un poco perdido. De por sí no son asuntos especialmente alegres, pero el modo que él tiene de contarlos es tan espléndido (no se me ocurre una palabra mejor para definirlo) que me resultaría difícil encontrar un libro con personajes que tengan más ganas de vivir, de reír y de ser extraordinarios. En serio, si andáis cortos de motivación y si despertaros por la mañana no lo veis como el irresistible milagro que es, adentraos en este libro y os sentiréis unos imbéciles ya antes de que terminen los agradecimientos.

Abriendo de nuevo el libro, para escribir esta página, fui a buscar una escena en la que él y su hermano pequeño juegan al frisbee en una playa californiana (la recordaba como algo *resplandeciente),* pero no la encontraba, así que acabé leyendo al azar y disfrutando nuevamente como la primera vez. Otra escena de la que no me acordaba tanto, probablemente porque en aquel momento no era todavía bastante padre para apreciarla, es la escena en la que él (veintiún años) acompaña a su hermano Toph (de siete) a jugar a béisbol y ve por allí a las madres, sentadas en las gradas, con el típico estado de ánimo que tienen los progenitores cuando van a ver a sus hijos jugar un partido de algo, un estado que si no lo has vivido es imposible de imaginar. Una penosa mezcla de conmoción, preocupación y tensión que te hace envejecer (o rejuvenecer, todavía no lo tengo claro) años. Toda la escena es estupenda, pero en particular hay un fragmento digno de aplauso que cito aquí para que os hagáis una idea de lo que Su Majestad El Monólogo Interior es capaz de hacer con un poco de talento ahorrado.

«Atento y desconfiado, observo a Toph interaccionar con otros niños.

¿De qué se ríen esos niños?

¿Qué les hace gracia? ¿La gorra de Toph? ¿Es demasiado grande?

¿Quiénes son esos gilipollas? Voy a hacer pedazos a esos cabrones.

Ah, no.

Ah, no, era solo eso. Solo eso. Je, je, je.»

Adoro cuando alguno se pasa los cánones de la tradición literaria por el forro. Y con el pie izquierdo hace eso que, no hace tantos años, era una acrobacia para romperte la cabeza.

(A diferencia de Inka Parei, Eggers ha seguido escribiendo con resultados brillantes, lo cual me proporciona cierta satisfacción. Sin embargo debo indicar, aunque sea solo para continuar con la reflexión planteada en el artículo anterior, que al mismo tiempo ha fundado una editorial y dos revistas, ha puesto en marcha una escuela en San Francisco en la que imparte clases de *creative writing* a niños, y todo ello con la convicción de que saber dominar la lengua y saber narrar son dos armas que pueden complicar mucho las cosas a quienes, cuando sean mayores, tratarán de controlarte. Es decir, que ni siquiera le ha pasado por la mente la idea de que ser escritor pueda ser suficiente. Toma nota y que no se te olvide.)

Bill Bryson
EN CASA. UNA BREVE HISTORIA DE LA VIDA PRIVADA

«*Nada más abrirlo veo una clasificación del siglo XIX sobre la comodidad de los colchones según el material que se haya utilizado como relleno. En la octava posición, las algas. Comprado.*»

Típico libro-de-sombrilla solo para lectores profesionales (aunque dudo que un lector profesional acabe nunca debajo de una sombrilla). Lo que quiero decir es que si eres alguien que devora diez libros al mes, seguramente tienes el suficiente buen gusto para no terminar en la playa con Tucídides o con el último Premio Strega. Así que se te plantea el problema de qué llevarte a la playa, teniendo en cuenta que debe ser una lectura resistente a los gritos de los bañistas, a la unción de cremas y a las horripilantes discusiones de los que están al lado. Bill Bryson podría ser una óptima solución. Escribe libros que no son novelas, sino cuentos muy elegantes acerca de cómo va el mundo y sobre todo de cómo iba en el pasado. Se aprenden un montón de cosas, se sonríe mucho, y si al final el libro acaba en el cubo del niño tampoco es una gran desgracia.

En el caso concreto de este libro, Bryson utiliza una maniobra que yo no calificaría de genial, aunque sí de ocurrente y fascinante. En un momento dado se tiene que ir a vivir a un pequeño pueblo de Norfolk, concretamente a una casa que era una antigua parroquia victoriana. Esta circunstancia hizo que comenzara a imaginarse la vida del desconocido pastor anglicano que había vivido allí, dándose cuenta de lo poco que sabía acerca de la vida cotidiana de la gente que vivía en el siglo XIX, en una casa como aquella y en un pueblo como aquel. Empezó a hacerse preguntas de este tipo: ¿por qué el inodoro es así y no de otro modo? ¿Por qué de entre todas las especias del mundo tuvimos que elegir precisamente la sal y la pimienta? ¿Qué se hacía antes de que existiera el frigorífico? Cuando uno se mete en ese túnel, ya no sale. En cambio él salió y lo hizo con este libro que, con gran esmero, entra en cada una de las habitaciones de la antigua parroquia (incluida la despensa o la habitación de los niños) y reconstruye la vida que se hacía allí dentro en la época victoriana. Si se quiere otorgar alguna legitimación filosófica a este placentero viaje por los pliegues del mundo, podemos adoptar la teoría que Bryson enuncia en el prólogo: «en realidad la historia es justo eso, masas de personas que hacen cosas ordinarias». Así pues, trata de entender los actos más sencillos y primarios de la gente corriente, y entenderás el mundo. No sé si será verdad pero debajo de una sombrilla podría incluso parecerlo.

De lo que no hay duda es que en este viaje Bryson hace que el lector se cruce con minúsculas historias de argentina belleza. En otras palabras: la iluminación. ¿Alguno de vosotros tiene idea de qué luz había, tras el crepúsculo, en las casas inglesas en el siglo XIX? Bryson sí: las casas de esos pobres estaban dotadas de la misma cantidad de luz que produce nuestro frigorífico cuando lo abrimos. Este hecho, anota Bryson, explica entre otras cosas por qué la novela, y el fenómeno de la lectura en general, estalla en un momento determinado del siglo XIX y no antes. Había que esperar la llegada de la lámpara de petróleo. Si no, era una cuestión de dejarse los ojos y se te pasaban las ganas. (Andaban a tientas por la oscuridad, lo cual explica que todos los muebles, mesas y sillas incluidas, estuvieran siempre pegados a la pared, para evitar el choque de lleno, sobre todo en casas que no tenían pasillo. Es curioso la cantidad de cosas absurdas que pueden resultar de la ridícula potencia, un vatio, que desprende una vela.) Otra curiosidad sobre los libros es

115

que, no hace mucho tiempo, una casa en la que hubiera una cincuentena de ellos se consideraba prácticamente una biblioteca nada desdeñable. John Harvard, un pastor protestante del siglo XVII, llegó a tener cuatrocientos, una biblioteca considerada tan colosal que cuando el día de su muerte la regaló al instituto donde enseñaba, la llamaron la universidad.

En cuanto al frigorífico, se pone de manifiesto que durante milenios los humanos se alimentaron de productos de kilómetro cero por la simple razón de que tan solo eran capaces de conservar y, por lo tanto, de transportar unos pocos alimentos (gracias a nuestra maravillosa locura hoy estamos regresando a esa situación penosa que tardamos milenios en resolver). Fue un tal Frederic Tudor, de Boston, quien a mediados del siglo XIX empezó a importar de América enormes bloques de hielo fabricados con el agua de los lagos del Norte (el asunto os parecerá una idiotez, pero si no tenéis un congelador, ¿cómo hacéis el hielo?). Otro paso decisivo en este sector fue el invento de las conservas, patentado en 1810 por un tal Bryn Donkin. El sistema era genial, solo que los envases eran de hierro y prácticamente imposibles de abrir. Los soldados, para hacerlo, disparaban con el fusil. Todo esto hace que me acuerde de una circunstancia histórica que ya conocía y que desde siempre he pensado que era una metáfora exacta de la condición humana: inventamos las latas en 1810, pero el primer abrelatas decente data de 1925. Pensad en esos ciento quince años que quedan en medio y entenderéis un montón de cosas. (Aunque no siempre ha sido así. El cortacésped, por ejemplo, fue inventado en 1830, cuando a nadie se le había ocurrido todavía lo sedativo que podría resultar un césped bien cortado, y no simplemente nivelado por las bestias y lleno de caca.) Ya veis cómo, debajo de la sombrilla, historias de este tipo pueden hacer que te olvides incluso del vecino que en voz alta comenta el editorial de *Libero*.

Por cierto, el colchón de muelles fue inventado en 1865. Su funcionamiento era tan cuestionable que incluso era posible que, durante el sueño, acabaras atravesado por uno de los muelles que se había soltado.

Curzio Malaparte
LA PIEL

«Yo todavía sigo fiándome de los editores. De modo que si Adel-phi decide que hay que leer a Malaparte, yo lo leo.»

Durante muchos años ni siquiera me planteé la posibilidad de leer algo suyo: era fascista. Lo digo sin ningún orgullo, aunque también sin ningún complejo de culpa. El antifascismo es una manera de estar en el mundo que bien vale el precio de ciertos despistes. El privilegio de haber heredado la capacidad de reconocer el fascismo y el instinto de combatirlo compensa con creces tener algún hueco en la estantería y haberse dejado un poco de belleza e inteligencia por el camino. Dicho esto, con el tiempo uno se reblandece y cuando Adelphi decidió publicar a Malaparte yo ya estaba preparado. En realidad ya me había sucedido algo unos años antes, y es que estudiando la Primera Guerra Mundial me metí de lleno en su *Viva Caporetto!*, un increíble cuento-reflexión sobre la famosa derrota. No había nada que hacer, desbordaba talento y libertad de pensamiento, y si uno tenía sus propias convicciones sobre todo lo que había ocurrido allí, este libro las tiraba por tierra llevándote mucho más allá de cualquier cómoda obviedad. Hay también que señalar que Malaparte ya había publicado un libro de este tipo, antimilitarista y contrapatriótico, en 1921 (censurado inmediatamente), y entonces empezabas a entender que despacharlo como «fascista» tenía que ser una manera cómoda pero imprecisa, más o menos como definir a Messi como un media punta. Lo que está claro es que el asunto era más complicado, y toda la biografía de Malaparte está ahí para recordárnoslo. Sin tener demasiadas ganas de saber, empecé a leer *La piel* como un libro más y quizás sea eso lo que se debería hacer siempre. Fue toda una lucha porque es difícil encontrar un libro más desagradable desde cualquier punto de vista, y ahora aquí me tenéis diciéndoos que en diez años he leído pocos libros más hermosos (aunque precisamente «hermoso», insisto, no creo que sea la palabra más adecuada).

Como ya sabréis, en esas páginas Malaparte narra la liberación de Nápoles por los americanos en 1943. Un infierno. Quiero decir, un escenario infernal de exhibicionismo, miseria, degradación moral, paradojas, comedias populares, puños inmaculados, distintivos en uniformes y piernas abiertas. Malaparte hablaba de cosas que conocía: en 1944, en una de sus tantas piruetas biográficas, hacía de oficial de comunicación entre el ejército italiano y las fuerzas de ocupación. Concretamente era el que ayudaba a los americanos a entender algo de todo aquello. *La piel* es, en teoría, el relato de aquellos días, de su recorrido por el infierno, haciendo de guía al estupor infantil de los yankees. En la práctica, los hechos fueron un poco diferentes porque *La piel* es, por encima de todo, una novela, con lo que no da fe de la realidad. Lo que sí hace es reflejar la mirada de un hombre singular, que podría incluso ser un loco, o solo alguien muy fantasioso, o simplemente estar ciego. ¿Era Nápoles realmente el infierno que describe Malaparte? No lo sé. ¿Sucedieron de verdad esas escenas grotescas que describe sin cesar? Si no hay respuesta es porque la pregunta está mal planteada. Libros como este dejan sin efecto la noción de «Verdad» con la misma poética eficacia con que los Descendimientos, en el arte sacro, dirimen la presencia de Dios en ese cuerpo bajado de la cruz. Son instantes, pero si en esos instantes te preguntas si es Verdad o dónde está Dios, te estás haciendo la pregunta equivocada.

Son visiones barrocas, se me ocurriría decir. Realismo mágico mediterráneo. He aquí una historia que vale por todas: como en el mar estaba prohibido pescar, pensaron que, para honrar los banquetes de los oficiales americanos, podrían pescar en el acuario de Nápoles. Así que solo comían pescados exóticos e inusuales. Una vez liquidados los más apetecibles había que optar por los menos presentables, y lo que sucede en un momento determinado es que al general Cork le sirven una monumental sirena en su mesa (el pez que por su similitud a los humanos generó la leyenda de las sirenas) y durante un largo instante que no termina nunca todos ven una niña en lugar de un pez, una niña guisada, para decirlo claro, en un lecho de lechugas, toda desfigurada por la cocción (ya he dicho que no es un libro agradable). Un horror tal que, de hecho, se podía llegar a pensar que te estaban sirviendo una niña guisada. Al final no se la comían, aunque acabaron convencidos de que era un pez. El toque final, magistral, lo pone el capellán cuando pretende enterrarla en el jardín, por si acaso. ¿Qué es todo esto? ¿Crónica o invención? Yo respondería del mismo modo que hacen los colombianos cuando les preguntan si las historias de García Márquez son auténticas: no entiendo la pregunta.

A todo esto hay que añadir que Malaparte expresa su realismo mágico con un lenguaje que también resulta difícil de calificar. El tono de fondo es un cinismo un poco dandy con un par de pinceladas de neta tinta expresionista, solo que posiblemente el pincel se había ensuciado antes en una lata de novelitas del corazón. El conjunto se completa con revoloteos retóricos, pasajes puestos ahí sin más y unos espléndidos fragmentos escritos de manera durísima pero transparente, un diamante. Entenderéis pues que el resultado final sea una escritura sin nombre. Lo cual debe intrigar por fuerza, porque allí donde hay una voz irrepetible y sin explicación, es donde se halla esa suspensión del mundo a la que, por cuestiones prácticas, nosotros llamamos literatura.

Descartes
DISCURSO DEL MÉTODO

«Un clásico de la filosofía al año, sobre esto no se discute. Aunque solo sea por oír su música o respirar su espléndida arrogancia.»

Es un cuaderno, y ya esto resulta fascinante. Si os esperáis un tocho erudito y aburrido no tenéis ni idea de lo que estamos hablando. Es un cuaderno, y Descartes lo escribió en francés. Como ya indicó Fumaroli, el hecho tiene mucha más importancia de lo que pueda parecer. En aquellos tiempos (1637) la erudición se escribía en latín, era pantanosa y oscura, y repleta de citas de clásicos (el saber coincidía con el saber de los clásicos). Descartes, que procedía de ese mundo, hizo saltar todo por los aires y con gran desfachatez escribió cincuenta paginitas en una lengua que en aquel tiempo se consideraba inadecuada para toda elocuencia. ¿Por qué lo hizo? Porque quería pasar página y crear un nuevo método para entender las cosas. Sabía que los eruditos no lo iban a apreciar y por tanto no lo escribió para ellos, lo hizo para las nuevas y superficiales élites de los salones parisinos que no sabían latín y leían libros solo si se podían coger con una sola mano, de modo que con la otra pudieran abanicarse (o hacer otras cosas, como dijo una vez Rousseau, hablando de novelas eróticas). Lo escribió para los bárbaros de la época. Se fió de ellos, y ellos, en efecto, eran los que estaban incubando una verdadera y auténtica revolución cultural.

Para ellos escribió un libro de filosofía, aunque lo cierto es que buena parte de sus páginas te hacen pensar más en un libro de aventuras. Por muy extraño que pueda pareceros, el *Discurso del método* tiene una estructura narrativa muy precisa, de manual. El viaje del héroe. Un joven intelectualmente superdotado que da la vuelta al mundo para aprenderlo todo y que cuando vuelve a casa descubre que no sabe nada. Entonces decide encerrarse en su habitación y vencer a sus demonios. De manual, ya os lo he dicho. Si pensáis que es pura elucubración mía, mejor escuchar lo que él mismo dice: «Proponiendo yo este escrito solo como una historia, o si preferís como una fábula [...] espero que le sea útil a alguien y a nadie le resulte nocivo.» ¿No es interesante? El libro que funda la idea moderna del saber, a ojos de quien lo escribe era pura ficción. Finalizados los preámbulos, el libro comienza prácticamente con esta expresión: «Desde la infancia he sido educado en el estudio de las letras...» Casi Proust.

Ah. Una vez le pregunté a mi profesora de italiano de dónde diablos le venía a Proust ese modo de escribir. Es decir, esa suntuosa capacidad de desplegar sintaxis a lo largo de veinte líneas sin el más mínimo esfuerzo. De los ensayistas franceses de los siglos XVII y XVIII, me respondió. Yo no había leído ni siquiera uno, así que no lo entendí muy bien; pero como respuesta me gustó. De golpe se saltaba toda la literatura y me explicaba el hecho de que me pareciera imposible deducir de un Balzac o de un Flaubert el oficio con el que trabajaba Proust. Cuadraba. Pero solo he podido entender exactamente lo que la profesora quería decir al leer a Descartes, el francés de Descartes, y, dado que hay una edición bilingüe, lo podéis hacer también vosotros. Un francés de una elegancia y de un virtuosismo magistral (no digo con esto que la traducción no sea buena, lo es también, es solo que el sonido del francés es el del violonchelo, diferente al italiano, que es el del violín. Proust, en cambio, sonaba a viola de gamba). De hecho, al final no es tan importante que entendáis la reflexión filosófica. Un libro como este se puede también leer por el puro y simple placer de la belleza.

Y por alguna de las muchas perlas que contiene. En un momento determinado arremete contra los eruditos y contra el modo tan oscuro y áspero que tienen de exponer las cosas. No le apetecía en absoluto que esos sabelotodos se burlaran de los lectores que, entre otras cosas, eran mejores que ellos. Lo describe en tres líneas: «Serían como ciegos que para poder combatir sin desventajas contra un vidente lo llevan al fondo de un sótano muy oscuro.» Así de claro. Como ya sabéis, defendía que un pensamiento tenía que ser capaz de expresar ideas claras y distintas. La nitidez es una especie de simplificación genial, eso que él entendía por inteligencia escribiendo con una sublime coherencia frases de este tipo: «Siempre he sentido un inmenso deseo de aprender a distinguir lo verdadero de lo falso para poder ver claro en mis actos y andar seguro por esta vida.» Limpio, apasionado, exacto. Una lección. En un momento determinado sale a relucir el tema del éxito y la gloria, que para uno que pensaba que había resuelto todos los problemas abiertos del saber, era un tema en cierto modo inevitable. A este respecto, Descartes tenía ideas muy prudentes pero determinadas, que consiguió estilizar en una frase que admiro en cada concreto detalle, y que reproduzco ahora con enorme placer: «pues aun cuando no siento un excesivo amor por la gloria y hasta me atrevo a decir que la odio, en cuanto que la juzgo contraria a la quietud, que es lo que más aprecio, sin embargo tampoco he hecho nunca nada por ocultar mis actos, como si fueran crímenes, ni he tomado muchas precauciones para permanecer desconocido, no solo porque creyera de ese modo dañarme a mí mismo, sino también porque ello habría provocado en mí cierta especie de inquietud, que hubiera venido a perturbar la perfecta tranquilidad de espíritu que busco».

Katie Hafner

A ROMANCE ON THREE LEGS. GLENN GOULD'S OBSESSIVE
QUEST FOR THE PERFECT PIANO

*«Tengo todos los libros que se han escrito sobre Glenn Gould.
Imaginaos si me pierdo este.»*

Aunque no tenga ningún sentido, a mí a veces se me ocurre imaginar que en un principio existían dos grandes grupos: por una parte el de las historias, y por otra, el de los escritores. Después, alguien se puso a emparejarlos. De ahí que de vez en cuando pueda comprobarse la comisión de algún que otro lamentable error. Por ejemplo, es evidente que *Michael Kohlhaas* tenía que haberlo escrito Dostoievski y no Kleist, así como está claro que debió producirse un error cuando Calvino se puso a escribir *El caballero inexistente* (obviamente destinado a Kafka) en lugar de ponerse a escribir *El Aleph* (que luego escribió Borges). En ocasiones, me detengo a pensar en las infinitas consecuencias que ha deparado el equívoco de haber encomendado *El extranjero* a Camus en lugar de haberlo hecho a su legítimo destinatario, Simenon. Como nadie podrá jamás impedirme que añore la belleza que habríamos conocido si Céline hubiera escrito *Germinal* y Proust, *Lolita*.

Lo mismo vale también para los ensayos. Hace años se publicó un libro magnífico dedicado a la longitud, a la larga historia de cómo los humanos consiguieron determinar la posición de las naves en mar abierto, utilizando el parámetro de la longitud. Es un tema tan interesante y simbólico que al leer el libro de Dava Sobel que lo trataba, a pesar de estar bien escrito, lamentabas a cada página que no lo hubiera escrito un escritor, aunque solo fuese un Zweig. Lo mismo me ha pasado leyendo este libro sobre Gould, un buen libro, escrito de

124

manera limpia, pero es como si se le dijera a un periodista de sucesos que contara una de las historias de Maigret. No pasa nada, se puede hacer, aunque suena cierto eco del que te quedas huérfano en cada página.

La historia es magnífica: el encuentro entre tres personajes: un pianista que es un genio, un piano anómalo y un afinador formidable. En cierto modo es una historia de amor. Ya sabéis quién era Gould: están todos los pianistas del mundo y después está él. Correspondía tan bien, incluso en el más mínimo detalle, a lo que entendemos por *genio* que los diccionarios tendrían que definir *genio* como: «persona parecida a Glenn Gould». Tenía un modo muy personal de entender la música, así como una colección de manías que rozaban lo espectacular. Con lo que la elección del piano, para él, fue una cuestión complicadísima, casi mística. Dedicó mucho tiempo a buscar el instrumento ideal y cuando lo encontró lo conservó a su lado una buena parte de su vida. Se trataba de un Steinway, se llamaba CD 318, pesaba 550 kilos y había nacido el 31 de marzo de 1941.

Nacer en 1941, si se es un piano, significa haber nacido de puro milagro. Eran tiempos de guerra, e incluso la mítica Steinway & Sons fue amablemente solicitada para que hiciera algo más útil que instrumentos para tocar Chopin. Las bombas no las sabían hacer, así que le pidieron que construyeran planeadores militares. Funcionaban tan mal que después de un tiempo decidieron dedicarse a la producción de algo más sencillo: ataúdes. Y fue dentro de este alegre panorama cuando, de algún modo, fabricaron el CD 318, que después tuvo una anónima carrera en el Concert Hall de un revendedor de Toronto, para acabar metido en una caja cuando alguien pensó que había llegado la hora de jubilarlo. Y ahí fue donde lo encontró Glenn Gould. Se sentó al piano, se encontró bajo los dedos algo que llevaba años buscando, y solo se levantó muchos años después.

La historia de amor habría terminado ahí, pero la música es más compleja que cualquier vida sentimental *(aún* más compleja) y todavía faltaba un tercer elemento, decisivo, el afinador. No es solo cuestión de notas desafinadas; el afinador esculpe el sonido de un piano, se puede decir que le diseña el alma. Ahora, coged al pianista más genial del planeta y sentadlo delante de un piano único, casi intocable y entonces entenderéis que lo que falta es un afinador especial.

Se llamaba Charles Verne Edquist, tenía un año más que Gould, estaba prácticamente ciego y provenía de una infancia de miseria y dificultades. Llegó a ser afinador de pianos porque los ciegos estaban considerados, con razón, particularmente capacitados para ese oficio. Empezó por abajo, estudió mucho, se metió en las entrañas de miles de pianos e iba y venía de Canadá para afinar por tres dólares cada uno los pianos de las familias más acomodadas. Luego, alguien descubrió que no solo era bueno, sino que era el mejor. A principios de los sesenta ocurrió lo que tenía que ocurrir: Edquist, Gould y el CD 318 se conocieron por primera vez. Naturalmente, no todo fue bien desde el principio; los tres eran tipos complicados. Pero tenían toda una historia por delante, y eso lo sabían.

El resto es todo leyenda. Para entenderla basta esta anécdota. Edquist veía poquísimo, casi nada, pero era vagamente capaz de reconocer los colores. Tenía también un oído absoluto, por lo que sabía reconocer las notas. Las dos cosas se habían mezclado en su cabeza. Por eso, si le tocabas una nota podía decirte que era un *fa* y si le preguntabas cómo lo sabía respondía: bueno, es azul. El *do* era un verde amarillento; el *la,* blanco; el *re,* color arena. Un día, después de algunos años de conocerse, tuvo un momento de atrevimiento y le explicó a Gould este modo extraño que tenía de ver las notas. Imagino que le dijo que el *sol* era naranja, o algo parecido. Sí, ya lo sé, respondió Gould.

15 de julio de 2012

Truman Capote
DESAYUNO EN TIFFANY'S

«Llevaba años queriendo entender cómo era posible que Truman Capote hubiese escrito una novelita de este tipo.»

Cuando uno se dedica a hacer lo que hago yo, siempre te acaban preguntando cuál es el libro que te habría gustado escribir. Durante años he respondido *Los tres mosqueteros,* y os aseguro que no era una respuesta esnob, era la verdad. En cambio, hace poco me he convencido de que lo máximo para un escritor sería haber escrito *Desayuno en Tiffany's* y también *A sangre fría.* Es difícil imaginar una exhibición de maestría más cristalina e indiscutible que esta. Escribir uno de estos dos libros sería ya toda una hazaña, con lo que me cuesta entender cómo Truman Capote consiguió concebir y escribir los dos. Por pura lógica, el autor de *A sangre fría* tendría que sentir ganas de vomitar leyendo *Desayuno en Tiffany's,* y viceversa. Pero está claro que para Capote eran solo temporadas diferentes de su ser autor. A mí, este tipo de talento, exhibicionista, inútil y potencialmente infinito, es el que siempre me ha fascinado. Y al final los escritores que me vuelven loco son los que acaban refutándose a sí mismos; por poner un ejemplo, *Moby Dick* y *Bartleby, el escribiente* se anulan el uno al otro, ¿no es fantástico?

Volviendo a Capote –un hombre que, de haber tenido el privilegio de conocerlo, me habría parecido insoportable–, está claro que de los dos libros citados, el verdaderamente genial es *A sangre fría,* de acuerdo. Según tengo entendido hay tres o cuatro, en toda la historia moderna de los libros, que han conseguido convertirse en literatura limitándose solo a contar fielmente la crónica de un suceso. Son tan pocos que ni siquiera dan para que se hable de un nuevo género. Son milagros, simplemente. Uno de ellos, sin duda, es *A sangre fría*. He intentado entender multitud de veces por qué a Capote le sale bien esta peripecia en la que naufragan de modo grotesco muchos otros libros nacidos con la misma ambición, y os aseguro que nunca he llegado a entenderlo del todo. Opino que por encima de todo se trata de una sobrehumana habilidad en la frenada: el estilo, la imaginación y la participación emotiva. La parte genial del libro es todo lo que no contiene. En cualquier caso, lo leí hace más de diez años y ello me exime de tener que hablar ahora de él. Supongo que no os importará que pase a hablar de Holly Golightly.

Por desgracia existe también la película. El problema de *Desayuno en Tiffany's* es que durante un tiempo sigue apareciendo la insoportable Audrey Hepburn de la película de Blake Edwards. Sobre el tema, la situación es la que sigue: las mujeres se vuelven locas con Audrey Hepburn mientras que para todo el público masculino (incluido Truman Capote) Holly sería evidentemente Marilyn Monroe. Sea como fuere, uno lee el libro y tiene a las dos asomando por todas partes, lo que al principio provoca algo de confusión. Pero luego Capote se hace con el control y entonces ves solo a Holly, solo a ella, y claramente entiendes que si hay diez personajes femeninos totalmente inolvidables en la literatura del siglo XX, uno de ellos es ella. Esas parrafadas fantásticas. Y ese constante sentido del humor, especialmente ante la tristeza. El hecho de que para leer la carta de un pretendiente tenga antes que pintarse los labios o cosas de este tipo. Hacia el final, cuando ya de la película ni te acuerdas, dice una frase que si la hubiera leído cuando tenía treinta años me habría ahorrado un montón de tiempo: «... Porque eso podría seguir así eternamente. Eso de no saber que una cosa es tuya hasta que la tiras.» Más o menos al principio, en cambio, cuando todavía están en mi cabeza la voz y las curvas de Marilyn Monroe, destaca un breve diálogo que antes o después haré que transcriban con letras elegantes en una de las paredes más apartadas de la Holden, donde podrán leerlo los más pacientes o aquellos más dispuestos a soportar la realidad de las cosas. Es un diálogo entre Holly y el narrador, un aspirante a escritor que vive en el piso de abajo. Se acaban de conocer y se están presentando.

Ella: Dime, ¿eres un verdadero escritor?

Él: Depende de lo que entiendas por verdadero.

Ella: Pues mira, ¿hay alguien que *compre* lo que escribes?

Naturalmente el asunto no termina ahí. El tema es mucho más complejo, y sin embargo hay también un modo de rodar sobre las cosas —de rodar *divinamente* sobre las cosas— que extrae de ellas cierta verdad. Esto es, entre otras cosas, lo que hace todo el libro, desde la primera hasta la última página. *Rodar*. Y dudo que muchos hayan podido obtener semejante fluidez, levedad y suavidad. También esto es lo que hace que el libro esté incomparablemente mejor conseguido que la película, coherentemente con un veredicto que asumiría como definitivo aunque fuera solo para facilitarme la vida, al menos en lo referente a este tipo de cosas. Si sabes que una película se basa en un libro, el libro es mejor. *(La chaqueta metálica* también se basa en un libro, y no lo sabes, y es normal porque la cinta es incomparablemente mejor que el libro.) No descarto que adoptando este sistema se acabe pescando un cangrejo gigantesco, pero el ahorro de tiempo es tal que incluso merece la pena cometer algún error.

Para que conste —y para confirmar lo que acabo de decir—, el libro no termina del modo indecoroso en que termina la película simplemente porque es un libro, es decir, el producto de una cultura que sabía, y todavía sabe, cuál es el ritmo de la despedida, y el arte de dejar que una historia vaya muy lejos, cuando su tiempo ya ha terminado.

Hilary Mantel
EN LA CORTE DEL LOBO

«*Exactamente lo que me habían dicho. Uno de esos libros que cuando llegan las siete de la tarde empiezas a pensar que luego, en la cama, te estará esperando él.*»

La novela histórica de calidad es como un extraño anfibio que dentro de la cadena genética de la narración se situaría en un intersticio escondido entre el tebeo más cutre y la obra maestra literaria a lo *Memorias de Adriano*. Teniendo en cuenta que la obra maestra literaria es un privilegio de pocos, la tendencia más habitual es acabar haciendo telenovela, palabra que incluso me resulta incómodo tener que explicar y sin embargo aquí me tenéis haciéndolo. Es cuando escriben con un lenguaje tan carente de ambición y tan incapaz de sutilezas, que ya en la página veinte hace que el lector de gusto tenga la triste impresión de estar ahí comiéndose el *foie gras* directamente de la lata. A menudo, se trata de excelentes narradores, pero hay que entender que si uno viene de buenas lecturas, y a lo mejor incluso de algún Shakespeare, la pretensión de encontrarse la mesa puesta no es un arrogante esnobismo, sino lo más natural del mundo. Hay que decir también que la novela histórica impone, en su aparente simplicidad, toda una serie de proezas técnico-estilísticas que la dotan de una pérfida dificultad. Si alguna vez se os ocurre escribir una os veréis en la necesidad de hacer hablar a Carlomagno o de hacer que Abelardo y Eloísa se acuesten o de tener que asistir a una cena en casa de Madame de Pompadour. Que os sea leve. A mí me parece increíble que muchos narradores se pongan a escalar paredes de sexto grado superior equipados estilísticamente con zapatillas que raramente son mejores que unas chanclas. Me pregunto cómo es posible que no haya nadie que los detenga a tiempo, aunque luego pienso en la cantidad de ejemplares que venden y entonces la pregunta es mucho menos urgente. (Nada que decir en contra de ese público, a mí me pasa lo mismo cuando voy a comprar una bicicleta. Simplemente no he pedaleado lo suficiente para entender algunas diferencias, o para esperarme más de un funcionamiento sereno y feliz. Es cuestión de haber hecho algo durante mucho tiempo, o muchas veces solo se trata de que hay quien tiene gustos simples; no tontos, simples. Así que tan amigos.)

Recapitulando: contra cualquier lógica matemática, si eres un amante de la historia y adoras las novelas tendrás grandes dificultades para encontrar una novela histórica que te guste. Yo la encontré cuando unos amigos me hablaron de *En la corte del lobo,* insistiendo en el hecho de que no era para nada lo que yo pensaba y haciendo que alcanzara el récord de tragarme setecientas páginas sobre un Cromwell que, entre otras cosas, ni siquiera era *ese* Cromwell.

Este, de nombre, es Thomas, Thomas Cromwell, y casi no existe en los libros de historia, porque si bien fue un hombre de inmenso poder, lo redujeron a poco más que un sordo de poca apariencia. Una vida carente de grandes hazañas. Holbein el Joven lo retrató de un modo magnífico, a mi entender. Un Cromwell que aparece diáfano, huidizo e ilegible. Sin embargo, está claro que si hay alguien en el mundo a quien no desearías tener en contra es a ese hombre. Muy hábil para los negocios, empezó desde abajo haciendo carrera en la Inglaterra de Enrique VIII con solo dos cualidades que ejercitó de un modo extraordinario: la firmeza y la capacidad de resolver problemas. Puede ser que tuviera su propia deontología profesional, un exagerado sentido del honor, así como una instintiva grandeza de espíritu. Aun así, el juego del poder era muy duro en aquella época, con lo que decidió hacer uso de estas virtudes de un modo muy medido y sabio. Procedía de la nada, lo tuvo casi todo y murió a la edad de cincuenta y cinco años de una manera que podría considerarse banal, si se tiene en cuenta el trabajo que desempeñaba: un verdugo le cortó la cabeza (parece que falló al primer intento y, por tanto, complicó un poco el asunto).

Al ser poco atractivo, Thomas Cromwell no era el héroe idóneo para una novela histórica y precisamente esta fue la primera gran jugada de la Mantel: haberlo elegido –un hecho que en un instante hace que se ponga a espiar la historia desde más atrás, con los ojos de un personaje de segunda fila–, un buen truco, porque los reyes, los papas y las María Estuardo se convierten así en personajes que andan por ahí pero nunca están demasiado cerca, aparecen siempre como reflejados en un espejo, con voces ajenas, ligeramente desenfocados, resultando de este modo mucho más fácil hablar de ellos. A esta agudeza por parte de la Mantel le siguen al menos otras dos que le agradezco. La primera es que escribe bien y no ha considerado oportuno tener que olvidar ese hecho. Ni siquiera escribe de un modo simple, y esto, para el lector que ha pedaleado mucho, supone un infinito alivio porque lo lleva a ese mínimo esfuerzo que le hace sentirse respetado. Podría incluso decir que tiene su estilo y no me equivocaría. Es una escritora, no solo una narradora. Y, por último, ha trabajado con un patrimonio de erudición desaforado, pero no se pasa todo el tiempo recordándotelo. Ha estudiado mucho, pero no se nota. Respecto a esto, con los años, me he vuelto intolerante y no perdono a ningún escritor que se dedique a hacerme entrever las horas que pasó en la biblioteca o yendo a informarse *in situ* o entrevistando a gente. Todos esos esfuerzos deben desaparecer en el grueso del texto, fusionados de forma invisible con la historia, eso sí. Y, a los que no tienen ni la paciencia ni la capacidad de hacer esta fusión, directamente no los soporto. Hay pocas cosas más penosas que dejar que en un libro aparezcan los rastros de todo lo que se ha estudiado. Me atrevería a decir que estaríamos al nivel de esos tirantes de plástico transparente que ponen en algunos sujetadores. (No puedo aseguraros que la Mantel no los haya llevado nunca, pero sí que en este libro no se los ha puesto. *Thank you, madam.*)

Wolfgang Schivelbusch
DIE KULTUR DER NIEDERLAGE

«A veces se pierde, eso ya se sabe. El hecho de que alguien se dedicara al asunto prometía cierto consuelo.»

Ya la idea de la que se parte es fascinante. La historia, por norma, nos ha enseñado que los derrotados salen de las guerras con una vitalidad y una energía creativa que ya les gustaría a los vencedores. El primer ejemplo, como siempre, lo encontramos en la guerra por excelencia, o sea, la Guerra de Troya. Mientras los aqueos vencedores volvían a casa, teniendo que hacer frente a todo tipo de tragedias, los supervivientes troyanos fueron la semilla de medio mundo. De Eneas nació Roma; y de Bruto (bisnieto de Eneas) Britania. Mitos, leyendas, diréis, pero cuando el relato colectivo sigue ciertas constantes, está claro que ahí abajo hay una fuerte convicción o algún tipo de seguridad instintiva. Schivelbusch se lo tomó en serio y se puso a reconstruirlo, examinando los *exempla* que ofrece la historia. Concretamente estudió a tres famosos derrotados: los estados del Sur en la Guerra de Secesión americana, los franceses en la Guerra Franco-Prusiana de 1870 y los alemanes en la Primera Guerra Mundial. Schivelbusch no tardó mucho en entender que la derrota, en esos tres casos, había desencadenado una urgente necesidad de renacer y una capacidad de futuro absolutamente sorprendentes; gente que en lugar de arrodillarse bailaba imaginándose la liberación con la fuerza que solo puede darte el tener que partir de cero. Habrá quien de ello deduzca cierto consuelo para las menos importantes aunque siempre dolorosas derrotas cotidianas, pero mientras tanto podemos aprender mucho de los mecanismos mentales que ponemos en marcha cuando somos pueblos en guerra o comunidades emergentes. Uno de los más deslumbrantes es el culto al movimiento, al dinamismo, y ello porque la derrota por lo general se percibe, casi irracionalmente, como «un bloqueo repentino y mortal» y el instinto más primario, casi animal, es borrarla volviéndose a poner en movimiento, de un modo neurótico, maniático y muchas veces genial. Lo bueno de Schivelbusch (un estudioso al que le encanta ocuparse de cosas como los primeros trenes o la invención de la iluminación artificial) es que espía estos movimientos del espíritu estudiando los síntomas desaparecidos en la superficie de la vida material. Básicamente uno está ahí reconstruyendo el sentido del mundo pasando por la manía de la danza, por el éxtasis de las primeras autopistas, el invento del deporte o la utopía de las cadenas de montajes. Se aprenden muchas cosas y el deleite está asegurado.

Estaría aquí poniéndoos un montón de ejemplos, por pura diversión, si no fuera porque releyendo el libro para poder escribir estas líneas, me he detenido en algunas páginas que antes había leído de pasada, y en cambio ahora, viendo lo que está sucediendo ahí fuera, me han dejado de piedra por su contenido profético (el libro es de 2001). Apagad la música y escuchad esto. Dice Schivelbusch que es importante recordar que la guerra es siempre, y por encima de todo, el enfrentamiento entre dos economías: se combate para establecer quién es el más rico, y el más rico es el que vence. En el pasado, variables como la valentía o la cobardía militar dejaban algún margen a lo imprevisible, pero desde mediados del siglo XIX, dice Schivelbusch, todo es mucho más riguroso, «sin excepción, han sido los factores económicos y no los militares los que han decidido todas las guerras de la Edad Moderna. La guerra se ha convertido en un fenómeno en el cual los recursos humanos y materiales son enviados al campo de batalla para ser destruidos, con lo que solo la parte económicamente más sólida, el vencedor, se mantiene en pie». Hasta aquí ha-

135

bría podido llegar yo solo. Pero Schivelbusch va más allá: «En un posterior perfeccionamiento de su esquema, la Guerra Fría eliminó completamente todo el proceso de destrucción en el campo de batalla, alineando las economías de las naciones de ambos bandos directamente una contra otra.» Así es. Yo siempre me había preguntado qué sentido tenían esos enormes arsenales nucleares cuando, de un solo golpe, se habría podido poner fin a la partida. Ahora ya sé la respuesta. Estaban contando el dinero. Schivelbusch no se detiene ahí y nos recuerda cómo terminó la Guerra Fría: con la caída del Muro de Berlín, es decir, NO fue por un evento militar: «la victoria del bloque occidental en la Guerra Fría fue la primera que se consiguió explícitamente a través de armas económicas». Clarísimo. No queda más que sacar la última consecuencia de todo ello, y eso es lo que me ha hecho saltar del sillón.

Dice Schivelbusch que a partir de los años noventa, coherentemente con el proceso antes descrito, la imaginación colectiva y la praxis de la lucha política han sustituido la economía por la guerra. Traduzco: eso de ahí fuera no es que *parezca* una guerra, *lo es*. Reproduciendo las durísimas palabras de Schivelbusch, «en Occidente la amenaza de extinción colectiva ya no está vinculada a la guerra sino más bien a la economía, con la doble amenaza de la devastación ambiental y de la desocupación». ¡Bingo!

Así que ahora llevo algunos días preguntándome quién nos ha declarado la guerra, sin decirlo, quién ha decidido atacar Europa, desde el sur, y de este modo invisible y aséptico; en qué berenjenal nos estamos metiendo. Pienso en las primeras páginas de los periódicos de 1914, y en las nuestras de hoy en día. Pienso en esa gente que en el 44 razonaba a base de bombarderos y submarinos y que ahora habla de *spread* y *default*. Mantengo la calma, pero mientras tanto pienso.

Me parece que voy a buscar el número de teléfono de Schivelbusch. A ver si lo tengo.

Charles Dickens
TIEMPOS DIFÍCILES

«Si hay que salvarse la vida, nada mejor que un Dickens, uno cualquiera.»

Dejando a un lado *Los papeles póstumos del Club Pickwick* –un libro al que le debo mucho, aunque solo sea por razones exquisitamente privadas, y por tanto insignificantes–, con Dickens tengo la siguiente y a su vez curiosa relación: él me gusta mucho pero no me gustan sus libros. No quiero decir con esto que me guste su personaje y no el escritor, no es eso. Adoro cómo escribe, no hay nadie capaz de darle esa luz a la escritura y esa capacidad de salvación. En cambio, no hay ni un solo libro suyo que pudiera definir como obra maestra, ni tampoco uno que haya podido leer sin haber tenido que hacer cierto esfuerzo por terminarlo. En realidad, los confundo un poco todos y por eso, cuando pienso en Dickens, en su modo de escribir, pienso en un único, espléndido y desmesurado texto que he leído a saltos sin sentir la necesidad de hacerlo de un modo más ordenado. Por eso tengo la vaga sensación de que *Tiempos difíciles* me ha gustado más que otras novelas (aunque solo sea por haberla terminado), pero no puedo aseguraros que sea un buen libro, de hecho la razón por la que hablo aquí de él no es esa, sino una circunstancia fortuita: a la particular edición de *Tiempos difíciles,* publicada por Einaudi, le sigue un breve ensayo de George Orwell dedicado a Dickens. Y ese sí, lo recuerdo perfectamente, es extraordinario. Ahí es donde he descubierto que esa leve carencia que me permite adorar el modo en que escribía Dickens, pero no lo que escribía, es un fenómeno que no solo me afecta a mí. Es más, leyendo esas páginas he llegado a pensar que ese es el único planteamiento que se puede hacer del gran genio inglés.

Sustancialmente, el ensayo de Orwell podría llevar el siguiente título: *¿Por qué demonios me gusta tanto Dickens si sé con seguridad que sus libros están llenos de limitaciones por todas partes?* Os aseguro que su lectura es hilarante. La parte más desarrollada, y a veces furibunda, es la dedicada a *esas limitaciones,* aunque no haya una línea en todo el ensayo que no esté impregnada de una admiración ciega, casi desconsolada, hacia el escritor. Cuanto más le golpea, más acaba reconociendo que ese hombre era un genio. Y no veas qué golpes. ¿El mensaje social de *Tiempos difíciles?* «Una colosal banalidad.» ¿Las tramas de los libros de Dickens? «Lo último que uno recuerda de sus novelas es el tema principal.» ¿Sus personajes? «No tienen vida mental propia. Empiezan como siluetas de la linterna mágica para terminar metidos en una película de serie B.» Resumiendo: un autor más bien ignorante, un caricaturista, un escritor incapaz de madurar sus personajes, un hombre cuyo ideal de vida no iba más allá de una casa cubierta de hiedra, con una mujer dulce y femenina y una tribu de niños y ningún trabajo. Como crítica social, poca cosa, un patético auspicio de un capitalismo bueno. Sexo: «casi fuera de su alcance». No es de extrañar que, más o menos hacia la mitad del ensayo, Orwell se tome la molestia de escribir la siguiente frase: «Llegados a este punto, es probable que me odie cualquiera que ame a Dickens y haya leído lo escrito hasta aquí.»

Pero no, no le odia porque no hay una página en este ensayo, por muy furiosa que sea, que no contenga una sofisticada glorificación de Dickens y de su original arte. Es un modo más bien perverso de admirar a alguien, convengo en ello, pero si tenéis la paciencia de leer la cita que he seleccionado, os daréis cuenta de que es un modo no solo posible sino además luminoso. Son diez líneas de una inteligencia para mí estrepitosa. Le precede una paginita bestial en la que Orwell demuestra, fuera de toda duda, que Dickens era tristemente incapaz de hacer que sus personajes actuaran, de hacerlos vivir con naturalidad, lo que explica el hecho de que se limitara a dibujarlos –como espléndidas figuritas– para después arrojarlos directamente a alguna escena melodramática, quizás porque era el único modo que tenía de hacer que les sucediera algo. Y estas son las diez líneas (los paréntesis son míos): «Naturalmente sería absurdo afirmar que Dickens es un escritor superficial o puramente melodramático *(¡lo acaba de hacer!).* Mucho de lo que escribió era extremamente realista y quizás nunca nadie haya conseguido igualar el poder de evocación de sus imágenes. Cuando Dickens te describe algo una vez, lo sigues viendo toda la vida *(conmovedor).* Pero, en cierto sentido *(ah, claro, hay un pero),* la concreción de su visión es justo un indicio de aquello de lo que él carece *(¿se puede ser más pérfido?).* Porque en el fondo esto es lo que ve siempre el espectador accidental: el aspecto exterior, lo que no es funcional, la superficie de las cosas. Solo quien no esté realmente interesado en el paisaje conseguirá ver el paisaje *(¿no es un genio?).*»

Al final, cuando ya no sabe a qué aferrarse para convencerse a sí mismo de que Dickens no le gusta, Orwell saca a relucir a Tolstói, solo por tener un margen de comparación capaz de desintegrar a Pickwick y a todos los demás. Diciéndolo con sus propias palabras, «los personajes de Tolstói pueden cruzar una frontera, los de Dickens pueden retratarse en una caja de cigarrillos». Yo, personalmente, cambio con mucho gusto todo *Guerra y paz* por tres páginas de *Grandes esperanzas,* del mismo modo que no veo la necesidad de interesarse por ese charlatán del conde Vronski cuando se puede lidiar con uno como Snodgrass. Sin embargo, estoy de acuerdo con Orwell en que «uno no tiene por qué estar más obligado a escoger entre ellos que entre una salchicha y una rosa». Que por cierto me han parecido siempre de un aburrimiento desconcertante, las rosas.

Jon Fosse
MELANCOLÍA

«*Lo encontré por casualidad, aunque con ese título es evidente que me estaba esperando.*»

De este pintor noruego, Lars Hertervig, no sabía nada ni tampoco ahora podría decir que sé algo realmente, excepto que *he estado dentro de su angustia,* y eso porque Jon Fosse me llevó cogido de la mano.

Nacido en 1821, a Hertervig le tocó una vida que más bien parece un folleto sobre la sensibilidad romántica. Artista de talento, dejó algunos cuadros memorables antes de, disciplinadamente, enloquecer; y, para no dejarse nada en el tintero, murió pobre y solo. Naturalmente, el mundo se percató de su grandeza cuando ya estaba bajo tierra, lo cual hay que considerarlo como la admisión explícita del crimen perfecto por parte de una determinada sociedad. El asunto es tan estereotipado que cuesta imaginarse una vida de verdad bajo la apariencia de lugar común. Sin embargo, un día abrí un libro en francés y no me podía creer que estuviera escrito de ese modo; después me dejé llevar –era como una marea– y así fue como me adentré en la angustia de Lars Hertervig, sin ni siquiera pedirle permiso, aunque seguro que con una lucidez que él nunca fue capaz de tener: este es el poder de los libros.

De todos modos no habría ocurrido nada si Jon Fosse (noruego también él, más conocido como dramaturgo que como novelista) no hubiera escrito este libro de un modo singular, en ocasiones incluso agotador, pero en definitiva maravilloso. Es difícil que os hagáis una idea, aunque os puede servir como ejemplo saber que la escritura avanza dos pasos y después retrocede uno, y así procede página a página, muchas veces volviendo a empezar desde el principio, en un gesto que se asemeja en todo y por todo a un pincel que pasa y repasa una superficie lisa, hasta que consigue darle un color. Con un ritmo análogo, lo habréis notado, se vive. No siempre produciendo, la poesía y el sonido y la danza que Fosse obtiene de sus páginas convierten la terrible caída de un hombre en la angustia en una fiesta musical. No es que me guste penetrar en la angustia ajena, teniendo en cuenta que dispongo ya de la mía, pero cuando un libro te invita a bailar, y lo hace con esa solemne seguridad, no es fácil quedarse ahí sentado; se va y se baila.

Volviendo a Hertervig, parece que era un maestro pintando nubes; así es como podría explicaros también la maestría de Fosse, diciendo que su escritura se mueve como se mueven las nubes dentro de sí mismas. No por el cielo –eso es fácil, soy bueno incluso yo–, sino a través de sí mismas, pasando por encima de sí mismas. De vez en cuando, adoptando el perfil de un objeto, la silueta de un pedazo de vida. Como si esa fuera su misión.

Tengo que añadir que en la tercera parte del libro, la única que no está directamente consagrada a Hertervig, y que puede decirse que es vagamente autobiográfica, Fosse habla de un escritor –que en realidad es él mismo aunque con un nombre diferente, Vidme– y lo que cuenta es un instante que he tenido la oportunidad de conocer muy bien, y es el instante en que uno comprende cuál es el libro que tiene que escribir, y busca la energía para empezarlo. En el caso en cuestión, Vidme se convence, contemplando un cuadro de Hertervig, de que el libro que quiere escribir es un libro sobre este pintor, porque observar el cuadro lo ha llevado a la proximidad de algún misterio o de algún tesoro escondido o de alguna divinidad secreta. Yo, con el tiempo, he llegado a concebir mi profesión como un sofisticado trabajo artesanal que sobre la

141

belleza de algunas superficies a veces consigue hacer aflorar un esplendor de lo más profundo, solo eso. Sin embargo, sé de lo que está hablando Vidme y consecuentemente Fosse, y sé que es una ambición muy elevada y noble, si bien probablemente ilusoria y por lo tanto digna de ser transmitida. De ahí que nunca se me olvide esta frase –una de sus fluviales frases– que de vez en cuando vuelvo a leer, un poco para no desaprender las ambiciones más elevadas, y un poco para acordarme de dónde proviene el instinto de escribir, contra toda lógica y por muy pobre que sea el resultado. La transcribo aquí, así muere un poco menos. «Porque Vidme, un hombre de poco más de treinta años pero ya con algún que otro cabello gris, considera haber descubierto algo importante que le cambiará la vida; ha comprendido que mediante su actividad de escritor se ha metido en algo importante a lo que tiene que enfrentarse si quiere seguir con su vida. Por esa razón Vidme camina bajo la lluvia y el viento pensando que todos esos años de trabajo como escritor le han enseñado algo crucial, algo de lo que muy pocos son conscientes, él ha visto algo que no muchos han visto, piensa Vidme, mientras camina bajo la lluvia y el viento; de hecho, si uno se concentra lo suficiente, si trabaja con la adecuada dedicación y entra de lleno en algo, si uno quiere, si se adentra lo suficiente, si se sumerge lo suficiente, llega a ver algo que los otros no ven. Y eso que él ha visto, piensa Vidme, mientras camina bajo la lluvia y el viento, es la cosa más importante que ha obtenido después de tantos años en los que ha escrito prácticamente todos los santos días.»

Matthew Stewart
EL HEREJE Y EL CORTESANO. SPINOZA, LEIBNIZ
Y EL DESTINO DE DIOS EN EL MUNDO MODERNO

«Me lo pasó una amiga a quien una vez le dije: se acabaron las novelas, a partir de ahora voy a leer solo ensayos. Lo digo mucho y a veces incluso lo hago.»

En el continuo y virtuosístico ejercicio de inteligencia que denominamos Historia de la Filosofía destellan momentos de auténtica aventura y uno de ellos, sin duda alguna, es ese período, delicadísimo, en el que unos pocos ingeniosos eruditos consiguieron llevar a cabo la gran empresa de hacer pedazos la invencible compactibilidad del orden teocrático en el que se vivía, regalándonos la oportunidad de no morir bajo la Inquisición. La ciencia dio el empujón definitivo, claro, pero el trabajo más refinado lo hicieron los filósofos, a quienes les aguardaba la labor de reunir los escombros de una seguridad colectiva que estaba derrumbándose y recomponerlos en un mínimo de certidumbre con la que se pudiera seguir adelante. La Biblia no parecía ser el mejor sistema para entender cómo iban las cosas, con lo que había que encontrar un sistema diferente que no hiciera sentir a la gente que estaba dejada de la mano de Dios. La operación, además de dificilísima, era monstruosamente peligrosa, porque mientras que ellos pensaban y escribían, el mundo que les rodeaba era todavía rígidamente teocrático, así que, hablando mal y pronto, decir lo que se pensaba ponía en riesgo la propia vida. Unos héroes, para ser claros.

Un modo ideal para saber más de esas empresas es leer este libro de Stewart, dedicado a los dos personajes que en el *West* del pensamiento podrían encarnar, por así decirlo, a los dos pistoleros más rápidos de la Frontera: Spinoza y Leibniz. Digamos que Descartes les había procurado las Colt, y ellos disparaban como nadie. Parecía una historia escrita por un guionista de Hollywood, los dos eran magistralmente antitéticos, tipo Borg y McEnroe. Spinoza era holandés, llevaba una vida monacal, era un judío expulsado de su comunidad (tenía ideas punzantes para todos los públicos) y se ganaba la vida con un oficio sublime: pulía lentes para telescopios y microscopios. Por las noches se dedicaba obsesivamente a un pequeño problema insignificante, que podría resumirse con la siguiente pregunta: ¿qué pasa con Dios en un mundo en el que el hombre puede apañárselas por sí solo? Al morir dejó la siguiente herencia: un ducado de plata, algún que otro dinero suelto y un cuchillo. Además de una pila de escritos que cambiarían el mundo.

Leibniz, por el contrario, era luterano, alemán, enamorado del dinero y de la fama, así como un hábil cortesano. En definitiva, un hombre de mundo. Fue con mucha probabilidad el último genio universal. Tuvo la ocasión de decir lo que pensaba en una larga serie de disciplinas que merecen ser citadas: química, cronometría, historiografía, leyes, lingüística, óptica, filosofía, física, poesía y teoría política. Inútil decir que, en tanta generosidad, hay cabida también para estupideces de primer grado (de joven estaba casi convencido de que la Tierra estaba formada por burbujas), pero nos deja también el último ejemplo iluminado de lo que suponía ser un sabio cuando el saber era todavía un niño (ahora ya es un adulto, y esa es la razón por la que Steve Jobs, aparte del iPhone, no nos ha dejado ningún tratado sobre la angina de pecho o el apareamiento de las gamuzas).

En teoría, los dos venían del mismo lugar, es decir, del futuro. Jugaban en el terreno que Descartes había dejado abierto de par en par (al que después llamaríamos modernidad) y el descubrimiento de la razón como derecho y dirección del ser humano representaba para ambos un paso adelante sin vuelta atrás. El problema era cómo conjugar este paso adelante con un pequeño detalle al que ninguno de los dos tenía intención de renunciar: Dios. Concretamente Spinoza tenía fama de ser un ateo muy peligroso y radical, aunque esa no era la idea que él tenía de sí mismo, y no entendía cómo la gente podía pensar así de él. (Sin duda, lo habría consolado la respuesta que dio Einstein mucho tiempo después cuando le preguntaron si creía en Dios: «Yo creo en el Dios de Spinoza.») Leibniz se las apañaba mucho mejor, porque era más bien un gran conservador, un mediador muy hábil, un democristiano del siglo XVII, y así, de sutileza en sutileza consiguió levantar tal cantidad de polvo que todo lo que su pensamiento pudiera tener de herético al final resultaba inasible. Nacieron de la misma pregunta, pero después tomaron caminos diferentes, teniendo que hacer frente, pues, a diversas respuestas, lo que los convierte en los antagonistas de una película. Y como todo guionista que se preste, Spinoza, que no salía nunca de casa, era guapísimo; Leibniz, que no se perdía una fiesta, un monstruo. Y, como es natural, no se gustaban. Pero en cierto modo sí que se admiraban. Os gustará saber que, al final, terminan conociéndose. Lo que no puedo deciros es cómo terminó el duelo.

Lo cuenta muy bien Stewart, que cuando se pone a reconstruir la vida cotidiana de esos dos es brillante y lo justo de ligero, pero cuando hay que ir al grano y explicar lo que se les pasaba por la cabeza no se corta un pelo y, tengo que decir, consigue que incluso el lector menos experto entienda las claves de lectura de los dos sistemas filosóficos que podían ser de todo menos simples. No digo que se entienda todo, pero, al final del libro, el pensamiento de Spinoza me queda más claro que el prospecto de la aspirina.

Ian McEwan
CHESIL BEACH

«Cuando lo vi en los primeros puestos de la clasificación pensé que al menos había que rendirle homenaje...»

Para ser sincero, no es que McEwan me vuelva loco. Es un poco maestrillo, no sé si entendéis lo que quiero decir. Tiene siempre esa apariencia de consulta médica, mucho orden y demasiada limpieza. A un nivel muy elevado, hace esa especie de contabilidad del existir, exacta hasta la cuarta cifra decimal, que los ingleses suelen tomar por alta literatura. Más que contar, pone las cifras en columnas, multiplica y divide, y lo hace con una meticulosidad acrobática. A menudo hace uso de las sumas, extrayendo de ellas una especie de resultado final, lo cual es ya un poco más discutible (la vida no es una cuenta que sale bien, que yo sepa). Pero yo creo que lo hace por puro respeto al orden, como si se sintiera obligado a hacerlo. Y así es como se quedan grabadas en la mente esas páginas de cifras alineadas, sin errores ni correcciones, casi como una tabla de la vida, pero escrita a mano, con buena caligrafía y cierto sentido estético en lo concerniente al tamaño de los signos, al equilibrio de los espacios y a la elegancia de la simetría. Lo suficiente para admirarlo, pero no lo suficiente para amarlo; o al menos así es como yo lo veo.

El hecho es que siempre opongo alguna resistencia a esa literatura que encuadra la vida real para luego descomponerla y explicarla, como si quisiera que los que la viven vieran lo que hacen cuando la viven. Una especie de *replay* a cámara lenta. La moviola del lunes después del domingo de la vida. Yo por lo pronto y sinceramente no creo que se pueda vivir con cuatro cifras decimales. Somos máquinas más aproximativas. En un instante de nuestra vida nunca pasan todas esas cosas que ven escritores como McEwan. Estoy convencido de que ya vivir un decimal es mucho, el resto es un infinito evanescente que solo los psicoanalistas y ciertos escritores ingleses consideran su deber personal reconducir a una inequívoca y definitiva claridad. Tal y como lo veo yo, a quien escribe libros lo que le corresponde más bien es restarle intangibilidad a ese infinito, algo parecido a hacer permanente en un cuadro el reflejo de la luz en un charco o eterno, en una página, el paso de un velo de niebla sobre un lago. Me vienen a la mente esas frases de Céline, que mueren a la mitad y se las apañan con tres puntos suspensivos. Dentro de su indigencia, son la figura de todo aquello en relación con lo cual se me ocurriría utilizar el término «literatura». Precisamente porque el vacío en el que se pierde es ese vacío lleno de fantasmas en el que efectivamente tienen lugar nuestros actos, que nunca son finitos y que siempre van seguidos de puntos suspensivos (normalmente son los demás los que tratan de completarlos y eso es lo que definimos como «tener relaciones»). Así que esa habilidad de la que McEwan es maestro al final me parece una habilidad artificiosa, a lo mejor no inútil, pero desde luego inutilizable. No se muere menos si se hace mirando fijamente el historial clínico. En cambio, siempre he pensado que cierta luz en la pared, si se pudiera detener, o la ilegible sonrisa de alguien que se inclina sobre ti, eso sí sería más apropiado mirarlo, si aún se dispone de un instante y de un par de ojos que lo hagan amablemente.

Y sin embargo debo admitir que *Chesil Beach* es un gran libro, y lo es en virtud de la historia que narra. Detrás está el talentoso contable de siempre, pero esta vez el cálculo al que se aplica me ha parecido —y lo digo con mucha envidia— genial. No me resulta fácil explicar por qué, quizás ni siquiera lo sepa muy bien; es algo más que nada instintivo. Lo que está claro es que la mitad de la grandeza de un escritor es saber aislar una pieza concreta del mundo, seleccionando, casi a ciegas, aquella en la que todo el mundo está escrito (o al menos una parte significativa), y en este libro la pieza en cuestión del mundo, descompuesta, calculada, puesta en una columna y seguida de esas cuatro cifras decimales, es la primera noche de bodas de dos jóvenes ingleses en 1962, o si se quiere, la noche de bodas de un montón de jóvenes en 1962, cuando era de verdad una primera noche de bodas, es decir, la primera vez que se acostaban y *tenían que* hacerlo, como les habrá pasado a muchísimos jóvenes del 62 y, por lo tanto, año arriba año abajo, a gran parte de los padres de la gente de mi edad, que al igual que esos dos jóvenes ingleses se hallaron ante una situación en la que debían improvisar un hecho que, por educación, hasta ese momento habían tenido que reprimir o temer, y que, en cambio, esa noche estaban obligados a llevar a cabo, aun sin tener la más mínima preparación técnica o psicológica, combinando sensaciones como la prisa, el asco, el miedo o el puro deseo. Y yo muchas veces he pensado que entrar en esa especie de surrealismo sería como acceder a los códigos en los que estaban escritos nuestros padres, convencido de que en cada acto de aquella única noche estaban escritos todos ellos, y por consiguiente todos nosotros, como en una pintura sagrada rúnica de la que podría deducirse toda su existencia, y por consiguiente también la nuestra. Podía ser una idea absurda, y de hecho lo he pensado durante muchos años sin creer demasiado en ello, pero *Chesil Beach*, en cambio, entró en esa noche y luego se puso a redactar la tabla con una minuciosidad de la que yo no sería nunca capaz, devolviéndome una idea que antes apenas lo era y ahora un libro que ya no podré escribir después de él, pero que, como ahora me doy cuenta, he incubado desde siempre. (Obviamente es mucho mejor para todos que lo haya escrito él, de eso no me cabe duda.)

Ambrose Bierce
EL DICCIONARIO DEL DIABLO

«Lo descubrí por casualidad leyendo una revista americana para intelectuales millonarios. Obviamente compré la revista por error.»

Un tipo extraño, este Bierce. Ahora, cuando se cumple un siglo de su muerte, su sentido del humor es todo un deleite, así que feliz por haber hallado una perla similar en el gran mar del olvido. Pero tampoco se puede descartar que, estando vivo, fuera insoportable. Una de esas inteligencias agudísimas que una visión cínica o un exceso de narcisismo condenan al exhibicionismo puro y duro. No sé. Sé que era de Ohio y que nació en 1842, décimo hijo de un padre que había puesto a todos sus hijos un nombre que empezaba por A (siempre he apreciado estos pacíficos intentos de dar un orden a la existencia). A los quince años se despidió de su familia y empezó a ir de un lado para otro, algo que prácticamente no dejó nunca de hacer. Entre una cosa y otra participó en la Guerra de Secesión, escribió un buen puñado de novelas y relatos, conoció a Mark Twain (que viendo sus fotos parece el hermano guapo, aunque no podía serlo, teniendo en cuenta que Mark empieza por M), se convirtió en un periodista de moda con cuyos venenosos artículos consiguió ganarse el apodo de «The Wickedest Man in San Francisco» (El hombre más malo de San Francisco). Ignoro si este hecho le procuró algún tipo de orgullo, lo que sí sé es que lo obligó a andar por ahí con una pequeña pistola en el bolsillo. Cuando obtuvo los permisos oportunos (allá por 1913, siendo ya un setentón), viajó a todos los sitios en los que había combatido y luego informó de que se iba a México a echar un vistazo a la revolución de Zapata y Villa; después se lo tragó la tierra. En serio, nunca más se supo de él. La versión más creíble lo da por muerto en un tiroteo entre revolucionarios y el ejército regular, aunque suena un poco hagiográfico. Según otra versión, que encuentro magnífica, fue el mismo Pancho Villa quien le disparó, harto de tener encima siempre a ese americano que no lo dejaba en paz ni un instante con sus sórdidos comentarios. Por si no lo sabéis, hay incluso quien sostiene que nunca murió. Un investigador, quizás para equilibrar un poco el asunto, sostuvo la tesis de que nunca existió.

Entre todo lo que escribió, antes de desaparecer de ese modo tan burlón, estaba este diccionario que él mismo decía que era de gran utilidad, al contrario que el resto de los diccionarios. Diccionario cuya existencia siempre ignoré, hasta que un día, leyendo una revista muy pija que compré en Estados Unidos, vi por primera vez, citada, una de sus voces. Se trataba del término «lenguaje». La definición decía así: *Música con que encantamos a las serpientes que custodian tesoros ajenos*. Entenderéis que a partir de ahí no paré hasta dar con una edición del diccionario en italiano (increíblemente existía, aunque fuese solo una selección y no el texto íntegro). La abrí y la primera voz que encontré fue «clarinete». Y decía: Clarinete (m.s.): *Instrumento de tortura manejado por un ejecutor con algodones en los oídos. Hay instrumentos peores que un clarinete: dos clarinetes*. Después de eso ya no pude detenerme (y que conste que adoro el clarinete, como cualquiera al que le guste Mozart).

Naturalmente no es el tipo de libro que uno se lee de principio a fin. Se deja en la mesita de noche y, en noches de cansancio, lee un poquito de allí y un poquito de allá. Es estupendo también para el baño. Se abre una página cualquiera y se lee. Egoísta (adj.): *Persona de mal gusto que se interesa más en sí mismo que en mí.* Solo (adj.): *En mala compa-*

nía. Imaginación (f.s.): *Depósito de mercancías que poseen en común los poetas y los mentirosos.* Cosas así.

Claro que era un tipo que no esperaba nada bueno de la vida. O al menos así parecía, no lo sé. De hecho, no dejaba títere con cabeza. Ayudar (v.tr.): *Fabricar un ingrato.* Amistad (f.s.): *Barco lo bastante grande como para llevar a dos personas con buen tiempo, pero a una sola en caso de tormenta.* Autoestima (f.s.): *Evaluación errónea.* A mí, generalmente, no me vuelve loco este tipo de cinismo brillante, aunque podría llegar a perdonarlo e incluso a admirarlo si se logra exponer con brevísima síntesis. Cosa que él hace. Aplauso (m.s.): *Eco de una tontería.*

Cuando te cansas lo dejas ahí; el libro se pierde entre meandros, desaparece unos meses, hasta que por arte de magia un día vuelve a aparecer y ahí te espera, porque sabe que antes o después estarás demasiado cansado para abrir el libro que estás leyendo en ese momento, pero no tanto para un cómic y, desde luego, no hasta el punto de tener que apagar la luz sin leer nada. Y entonces te lo encuentras de nuevo en la mano. Hola, Ambrose, ¿qué tal?, ¿dando una vuelta por México? Vamos a ver qué es lo que te cargas hoy.

Nihilista (m.s.): *Ruso que niega la existencia de todo menos de Tolstói. El jefe de esta escuela es Tolstói.*

Venga, Ambrose, no sueltes gilipolleces.

Genuino (adj.): *Auténtico, real. Por ejemplo, genuina falsificación, genuina hipocresía, etc.*

Vas mejorando. Pero ¿no tienes algo más especial? Mira que esta noche me va a hacer falta.

Fotografía (f.s.): *Cuadro pintado por el sol sin previo aprendizaje del arte.*

Quería decir algo realmente especial.

Chemisier (m.s.): *No sé qué significa.*

Eso es. Ahora sí. Gracias.

Heródoto
HISTORIAS

«Que yo recuerde, siempre las he tenido en la mesilla de noche o en el escritorio. Mi intención es tardar toda una vida en terminar de leerlas.»

Para empezar, el término «historias» nace ahí. No consta que nadie lo haya utilizado antes de Heródoto, el cual, todo hay que decirlo, lo usaba con un significado ligeramente diferente del que empleamos nosotros hoy. El término griego que él utilizó (del que nace nuestro «historia») para él significaba «investigación», eso que a él le gustaba tanto hacer, «investigar». Tenía curiosidades (las tenía a montones) e investigaba para encontrar las respuestas. Era el típico quisquilloso que no se conforma con las explicaciones que da el folleto y levanta la mano continuamente para pedir aclaraciones. Daba igual que se tratase de las mareas del Nilo, de las guerras de conquista persas o de las extravagantes costumbres sexuales de los babilonios. Le interesaba todo. Una de sus frases, entre tantas, describe bien al personaje: «Queriéndolo saber, lo pregunté.» Encontrarse en un viaje con un tipo de estos es como para pegarse un tiro.

Sin embargo, que la palabra («historias») llegara a ser el nombre que cuenta la belleza y el fruto del narrar se lo debemos a él, al viajero quisquilloso. La distancia que hay entre el informe de un detective y lo que cuenta un narrador empezó a rellenarla él, de manera que de un Sherlock Holmes fue transformándose en un encantador de serpientes. Porque aunque sus curiosidades fueran maniáticas y en cierto modo aburridas, no lo era en absoluto el material que acumuló para resolverlas. Pídele explicaciones a la tierra y esta te mostrará tesoros que no podrás creer. La primera lección de Heródoto es esta. En una época en la que imaginar preguntas era ya más de la mitad de ser conocedor de algo, inventó la maravilla y el esplendor de las respuestas. El espectáculo de las respuestas. Quien primero se quedó encandilado fue él, sabiendo después transmitir su estupor al público. Todavía hoy uno lee a Heródoto y, cada dos páginas, le entran ganas de darse la vuelta y decirle al primero que pase: «Oye, perdona..., escucha esto.» Como diciendo: mira cómo resolvían el problema del matrimonio los ilirios (ya el hecho de que uno llegue a interesarse por los ilirios da una idea del talento del chaval). Hacían así: en medio de la plaza ponían en fila a unas chicas ante futuros maridos, a todas, en orden, de la más guapa a la más impresentable. Primero se subastaba la más guapa y quien más dinero ofrecía se la llevaba. El dinero se ponía aparte. Cuando se llegaba a la feúcha, las ofertas empezaban a desaparecer. Y siempre llegaba el momento en que, por la Gina, nadie ofrecía nada. Entonces se cogía el dinero que se había apartado y se empezaba una subasta al revés. Gina más compensación. Quien se conformaba con una cantidad modesta, la desposaba. Si tenías la paciencia de esperar a la última, y a lo mejor eras ciego, te ibas de allí millonario. «El dinero», anota complacido Heródoto, «procedía de las chicas guapas, y así es como las más bellas procuraban marido a las más feas y tullidas.» Por un momento se suspendía el horror del machismo imperante (eran así y no había nada que hacer), para que os hagáis una idea de lo que Heródoto le daba a su público: historias para contar.

Naturalmente, uno podría preguntarse: pero ¿es *verdad* eso? ¿Los ilirios hacían eso *de verdad*? Y ahí queda abierto el debate porque Heródoto era quisquillosísimo, aunque también tenía mucho sentido del espectáculo. De vez en cuando, le gustaba tragarse unas trolas tremendas o metía la pata hasta el fondo (otras veces, en cambio, llamaba la atención a todos los troleros de la época); en definitiva, que sobre este asunto de la verdad era más bien un veleta. Claro que si uno tuviera que elegir entre una medio mentira espectacular y una medio verdad aburridísima no dudaría. Y esto nos hace vislumbrar la aurora de una espléndida debilidad que a la larga llevaría a que un término que significaba «investigar» se convirtiera en esa magnífica acción, un tanto deshonesta, que supone «contar historias». Eran historias en el sentido que entendemos nosotros, y en el fondo él lo sabía y probablemente le gustaba que fuera así. (Por otro lado, tenemos razones para creer que él sus historias las leía ante un público que pagaba por ello, y esto, guste o no, aclara mucho los términos de la cuestión.)

Añado que no estaríamos todavía aquí leyéndolas si Heródoto no hubiera sido capaz de escribirlas así, como el aire fresco de la mañana, transparentes, cristalinas, limpias. Para mí leerlas supone una cura de desintoxicación de cualquier otra narrativa. Es la Fiuggi del lector potente. Por decirlo de algún modo, si se sobrevive a una Christa Wolf o a un Thomas Bernhard con todas esas toxinas dentro del cuerpo, coges un libro de Heródoto y mientras dejas fluir la historia de cómo los escitas vaciaban el cráneo del enemigo derrotado en el campo de batalla y después lo ponían encima de la mesa, es como volver a una especie de levedad inaugural donde aflora la impresión de un volver a los orígenes, donde todo resultaba todavía simple y, en cierto modo, nunca usado. A veces se necesita algo así. Después, regresar a donde estabas es pan comido.

Agota Kristof
CLAUS Y LUCAS

«Cuando me di cuenta de que no se trataba de Agatha Christie sino de Agota Kristof, me rendí a los miles de personas que no podían creer que no hubiera leído nunca nada de ella.»

Como os dije, después de refrescarse un poco con Heródoto, uno puede volver a enfrentarse a los textos más impracticables. Por ejemplo, la trilogía *Claus y Lucas,* el libro más triste que haya leído jamás. Aunque en realidad triste no es la palabra adecuada, siendo hija como es de una esfera sentimental vagamente burguesita y de buena familia. Solo alguien como yo puede llamar *triste* a la Kristof, lo sé. Así que iré más allá, o al menos intentaré hacerlo. La Kristof cuenta el horror del mundo, la tragedia de la existencia y la crueldad del ser humano. Y en eso, a mi entender, es la mejor. No hay nadie como ella.

Hay que recordar que una de las ambiciones que gusta mucho atribuir a la literatura es precisamente esa, una maestría intransigente que se adentra en el corazón fétido del mundo y consigue describirlo. Para muchos, en su acepción más elevada, la literatura es, o al menos debería ser, una especie de contranarración que desenmascara la simpática representación del mundo que muestran otros relatos. Os recuerdo que gran parte de la alta literatura se atiene a un mandato parecido a una no evidente, aunque sí innegable, aproximación. Digamos que lo hace de un modo más bien blando y conciliatorio. Pero solo te das cuenta cuando conoces a la Kristof. La lees, y muchos de los libros que no dudabas en considerar heridas abiertas o suturadas con un dolor inhumano quedan reducidos a mero entretenimiento. Basta remojarse un poco

155

en *Claus y Lucas* para que todo Céline pase de modo increíble a no ser más que el desahogo de un alegre mendigo, Proust a ser simplemente uno que tenía tiempo que vender, Salinger un inofensivo escritor para adolescentes y Faulkner un charlatán sureño. Yo no lo sé, pero cuando estás con la Kristof, lo parecen. Incluso *La carretera* de McCarthy (un libro de horror incalculable) termina resultándote intolerable, porque si necesitas desplegar todo ese armamento de brutalidades y situaciones límites para dar cuenta del horror de la humanidad, te aseguro que escribir no es lo tuyo.

Ahora la pregunta es: ¿cómo hace (hacía, perdón) esta mujer para obtener semejante resultado absurdo? Imagino que la respuesta sería muy complicada, aunque un pedacito me lo sé. Lo hacía porque escribía como escribía. Con un rigor inalcanzable. Con un control total. Con una seguridad desconcertante de por sí (no hay ni un solo adjetivo que haya sido añadido con un atisbo de duda). Con una fuerza invisible. Con una confianza indestructible en la exactitud de las simples palabras. Con un continuo desprecio hacia todo lo que no sea estrictamente necesario. Con una idea monástica de la belleza. Para que os hagáis una idea, basta con leer las primeras líneas del tercer libro. Prestad atención a los verbos. El noventa por ciento son simplemente «ser» y «estar». «Es», «son». «Está», «están». Ahora intentad contar cualquier historia o describir cualquier situación usando únicamente estos dos verbos. Os concedo también el verbo «tener», por si fuera necesario. De todos modos, el experimento no cambia, intentad contar el mundo con esos dos verbos (toda la historia literaria podría resumirse en la afinación técnica con la que logramos sustituirlos). Pensad en un relato en el que el verbo más exacto que podéis hallar siempre es el verbo «ser»: bienvenidos al mundo de la Kristof.

Naturalmente todo esto se podría traducir con el término «frialdad», aunque tal y como lo veo yo la Kristof es la escritora que ha desenmascarado definitivamente la frialdad como estilo literario. En mi opinión, ha demostrado de una vez por todas que efectivamente existe un proceso posible de sustracción, en la escritura, del que a su vez derivan dos resultados posibles: en los mediocres, la frialdad; en los grandes escritores, la verdad. (Cabe señalar que en un mundo presidido por mediocres ambas cosas resultan a menudo trágicamente equivalentes.) La Kristof era de todo menos mediocre.

Lo que, entre otras cosas, introduce una pregunta que tiene mucho que ver con ese efecto verdad que transpiran sus páginas. La pregunta es: ¿es verdad eso? ¿La humanidad es de verdad ese horror? ¿No será también esa una proyección literaria, un estilo, una forma de retórica bien camuflada? Si eres tan malvado como sus personajes, te tienes que hacer la pregunta. Y así es como responde la Kristof: hay dos seres humanos, uno frente al otro, y en un momento dado uno de ellos dice que él escribe. ¿Qué escribes? Pregunta el otro. No tiene importancia, dice el primero. Pero el otro insiste: me gustaría saber si escribes cosas reales o cosas inventadas. Y he aquí la respuesta: «Le respondo que trato de escribir historias reales, pero, en un momento dado, la historia se hace insoportable precisamente por su veracidad y entonces me veo obligado a cambiarla. Le digo que trato de contar mi propia historia, pero que no lo consigo; no tengo el valor suficiente, me duele demasiado. Entonces lo decoro todo y describo las cosas no tal y como ocurrieron sino como yo habría querido que ocurrieran.» Y así se enuncia una espléndida teoría de la literatura. Escribir libros significa plantar los pies en la verdad, después de haberla visto. Es la magnificencia de un paso atrás, animal y de danza. Obviamente debería estar prohibido a quien no disponga del miedo y de la elegancia necesarios.

George L. Mosse
LA CULTURA NAZI. LA VIDA INTELECTUAL, CULTURAL
Y SOCIAL EN EL TERCER REICH

«Me dijeron que si no lo leía no iba a entender nunca nada del nazismo. Un poco categórico, pero no tan alejado de la realidad.»

Puede resultar una banalidad, pero la pregunta, pensando en el nazismo, es siempre la misma: pero ¿cómo fue posible? ¿Cómo pudo suceder algo así justo en el corazón de la vieja, refinada y culta Europa? Y, sobre todo, ¿cómo ha podido ser sinceramente nazi gente absolutamente normal, de buen entendimiento, médicos a los que habrías acudido para quitarte las amígdalas, vecinos de casa que a las reuniones de la comunidad llevan el pastel que hicieron por la tarde o simpáticas asistentas a las que dejarías tus hijos con toda tranquilidad? ¿Qué clase de locura se apoderó de todos ellos?

El libro de Mosse da una respuesta a esta pregunta y yo tengo que resaltar el hecho de que ninguna respuesta, antes, me había parecido tan serena, inteligente y creíble como la suya. Si tuviera que resumirla *grosso modo* lo haría así: no era una locura, era la adhesión apasionada a una ideología que por arte de magia constituía ideales y convicciones que hacía largo tiempo que circulaban por el sistema sanguíneo de la mentalidad alemana. No era una *enfermedad* mental sino una *construcción* mental cuyos ingredientes venían de muy lejos. Para entender el nazismo hay que entender casi dos siglos de pensamiento alemán.

Si uno lo hace, y Mosse lo hizo, descubre muchos afluentes que, sin ni siquiera saberlo, llevaron agua al devastador río del nazismo, afluentes procedentes de las cumbres o de las colinas de la sensibilidad alemana. Toda la tradición romántica, cierta vena mística, las fantasías clásicas-germánicas, el culto a la naturaleza, ciertas teorías extravagantes sobre razas y destinos, el nacionalismo patriótico que creció desmesuradamente después del prolongado parto de la Alemania unida, el instinto de hallar seguridad en el sentirse un *pueblo* antes incluso que un individuo, la tentación del antisemitismo, el culto hacia ciertas formas de élite dorada, la teorización de la juventud como fuego sagrado con el que recomponer la pureza de la existencia, Nietzsche y Hölderlin, el nudismo y el mito del paisaje campesino, el culto a la belleza masculina y la pasión por el canto polifónico. Todo eso llevaba un montón de tiempo ahí, en la incubadora alemana. Pero también hay que dejar claro que cada una de esas piezas, por sí misma, no tenía el nazismo como epílogo necesario e inevitable. Como piezas del tablero de la historia, podían moverse en cualquier dirección. Lo que hizo el nazismo fue meterlas a todas en el mismo saco, conformando un artificial sistema mental y luego político que blindaba numerosas pasiones alemanas dentro de la esfera de un único proyectil de plomo. Por decirlo de otro modo: yo a Nietzsche –un pensador en el que el nazismo halló mucha leña para arder– cincuenta años después lo estudié en la universidad como padre predilecto del pensamiento débil. Os puedo jurar que era muy de izquierdas. Del mismo modo, hay que decir que muchos de los protagonistas de esos movimientos ideológicos, si hubieran vivido *realmente* bajo el nazismo, habrían terminado sin duda alguna en la cárcel o en el exilio, en cierto modo pusieron los cimientos para construir una prisión que se los habría tragado sin dificultad. Con esto no quiero decir que los alemanes eran todos buenos y solo los nazis eran malos, lo que digo es: «Mira la maravilla de la historia de la cultura, y cómo carambolean las ideas, y qué extraordinario espectáculo el de los seres humanos que siembran ideas y pasiones que después alguien siega para llenar los graneros de la historia: a menudo de comida envenenada.»

Naturalmente, algo habría que aprender de semejante espectáculo, aunque solo sea para evitar cometer los mismos errores. Y aquí se complica la cosa. ¿Qué se aprende de Mosse? ¿Qué nos desvela para ayudarnos a no equivocarnos la próxima vez? Yo, al menos, he aprendido una cosa, estadística, y es que *todos* los movimientos ideológicos que de un modo u otro acabaron originando la ideología nazi nacieron *como rebelión a un cierto tipo de modernidad.* Nacieron todos de la idea de que la incursión de un repentino futuro estaba despojando al ser humano de sus principales valores, lo estaba arrancando de su autenticidad. La idea no era ninguna estupidez; de hecho, el progreso a menudo hace que el hombre se aleje de sí mismo. Es el tipo de reacción lo que es mucho menos justificable, el instinto de restaurar cierta pureza del hombre, preservándolo de las mutaciones que dictó el tiempo. Así, lo que al final he aprendido de Mosse es una sentencia que habría que tomarse en serio. Mientras sigan percibiéndose los reflejos del Apocalipsis del siglo XX, tendría que ser preceptivo para los seres humanos no repetir el error de bloquearse ante la modernidad, suspendiéndola en el tiempo vacío y tan peligroso de un retorno a los orígenes. La última vez que nos calentamos al calorcito de una utopía similar originamos un desastre colosal. No lo haremos peor si aceptamos cualquier tipo de modernidad como un campo abierto en el que poner en juego aquello en lo que creemos. No es un abismo del que huir sino un mapa recién esbozado, en el que será un privilegio escribir nuestros nombres, nuestra historia y todo tipo de belleza que hayamos conocido.

Roberto Bolaño
2666

«En España oí hablar de él como un libro legendario. Pude entender por qué cuando por fin lo tradujeron al italiano.»

Recuerdo muy bien el mensaje que me mandó un amigo mío escritor (Dario Voltolini, que por cierto escribe como Dios) algunas semanas después de haberle dicho que leyera *2666*. He aquí el texto: «He leído a Bolaño y he cambiado de oficio.» Difícil ser más exacto y conciso. Por lo general, si escribes libros, leer a autores contemporáneos te otorga cierta autoestima, otras veces te estimula, de vez en cuando hace que amargamente te des cuenta de tus limitaciones y muy raramente te destruye. En mi caso, si hablamos de escritores vivos, esta mala experiencia la he tenido solo dos veces, con David Foster Wallace y con Bolaño. Y ahora me diréis que esos dos ya están muertos y tenéis razón si nos atenemos a la realidad. Yo, en cambio, me permito catalogarlos entre los vivos porque quien muere con libros aún calientes no muere de verdad, o al menos eso es lo que pienso yo. Así que ellos dos. Son muchos los aspectos que me hacen tenerlos siempre cerca de la memoria, en parte también el destino truncado de ambos, aunque es más bien otra la característica que los vincula y los diferencia del resto: la insolencia. La desmesura. El descarado despliegue de maestría. En sus mejores libros hay mucho más de lo que habría sido suficiente para corroborar que a ellos, escribir, se les daba mucho mejor que a otros. Evidentemente, no escribían para clasificarse entre los primeros puestos, sino para hacerlo en su propio talento, que es precisamente el modo como se deben hacer las cosas.

Ahora quizás os tendría que explicar en qué consiste la magnificencia de *2666*, pero antes prefiero señalar lo que es útil que se sepa de su génesis. Por lo pronto, no me preguntéis el porqué del título, nadie lo sabe. Parece que él sí lo sabía, aunque ni siquiera eso es seguro. Lo segundo que tenéis que saber es que *2666* no es un libro, son cinco, un asunto curioso; uno de esos casos en los que el escritor se comporta como uno de sus personajes (circunstancia que hace disfrutar a los lectores pero que irrita mucho a los escritores). A principios de los años noventa, cuando rondaba los cuarenta, Bolaño probablemente supo que no le quedaba mucho tiempo de vida (se lo dijeron los médicos, no una quiromántica de la plaza Navona). Tenía mujer y dos hijos. Así que pensó escribir algunos libros y dejarlos ahí apartados para que fueran publicados después de su muerte de tal modo que la familia, con el tiempo, pudiera mantenerse (un personaje de novela de Bolaño, lo que os digo). Y efectivamente murió, con cincuenta años, en 2003, y lo que sucedió fue que sus herederos, después de haber leído esos cinco libros, pensaron que podría ser uno solo y decidieron publicarlos todos juntos bajo un mismo título, asumiendo con ello una gran responsabilidad. El resultado fue una única novela que contiene cinco. La relación entre ellas es evanescente, a veces clarísima y a menudo inexistente. Una proximidad distante. Yo he leído cuatro de los cinco. El último me lo he reservado, un poco porque ya estaba destrozado, como os he explicado al principio, y un poco porque reservarme uno para el futuro me pareció un homenaje tardío, pero sincero, a los deseos de Bolaño.

Mientras leía el primero, absorto, alguien me preguntó de qué trataba. Recuerdo muy bien lo que le respondí: no lo sé, no es importante. Ahora volviendo a esa respuesta me gustaría reconstruir la larga trayectoria mental que me llevó a resumirlo todo en esas seis palabras, porque de haber sido capaz entonces os habría podido decir en qué consiste la belleza de este libro. Pero no es fácil. Recuerdo que el punto del que partía todo era la prosa de Bolaño, divinamente fluida y, sin embargo, exacta hasta decir basta: como si, desde siempre, las cosas estuvieran destinadas a convertirse en frases. Ningún esfuerzo aparente, ninguna fricción. Agua clara, fresca y dulce. Página por página, coleccionando grandes historias y mínimos detalles sin rizar prácticamente nunca el rizo. A ese nivel de limpieza, el verdadero espectáculo es disponer las historias una al lado de la otra o una dentro de la otra con un sosiego que en la vida no es posible y que en los libros responde siempre al resultado de un proceso. Ahí, en cambio, era algo que sustituía a cualquier proceso, era un delicioso dato. Así, aun reconociendo que el libro está lleno de historias (rebosaba de historias, de modo insolente, diciéndolo mal y pronto), cuando me preguntaron qué contaba respondí como habría respondido alguien que está haciendo un puzle de dos mil piezas y le preguntan: ¿qué es? ¿Montañas suizas o un Rembrandt? No lo sé y no me importa. Es ese modo apacible y suave de encajar las piezas lo que importa. Es la irracional promesa, mantenida, de que para cada trozo de existencia hay otros que nacen para estar a su lado y hacerlo con una suavidad proporcional al esfuerzo que ha supuesto encontrarlo entre esa montaña que forma el todo.

De todos modos *2666* no es ni una montaña suiza ni un Rembrandt. Creo que es algo tipo *El mal.* Pero no podría jurarlo. *El mal y la delicia de los vivos,* quizás. O *El mal y el misterio de los vivos.* En fin, que no lo sé exactamente. A lo mejor el día que termine el puzle lo sabré. Si es así os lo digo.

Victoria de Grazia
EL IMPERIO IRRESISTIBLE

«Me lo compré inmediatamente pensando que alguien iba a explicarme por qué aprendí a leer con "Mickey Mouse".»

Un día para ir al cine, otro, porque necesitaba seis vasos de vino, y antes de ayer un rastrillo; al final uno acaba en estos enormes centros comerciales, mundos aparte, entubados en estructuras arquitectónicas insignificantes, resplandecientes de una humanidad mixta, de una felicidad indescifrable, de una desesperación ilegible. Como ya sabéis, detesto a los apocalípticos de sofá, así que incluso me molesta tener que reconocer que ante un espectáculo semejante uno no pueda pensar más que en un desastre. Después te pones a razonar un poco y más o menos las cosas vuelven a su sitio, aunque es inevitable que te acabes preguntando cuándo demonios nos distrajimos y permitimos que todo eso empezara. Qué día fue exactamente.

He leído *El imperio irresistible* y por eso lo sé. El día no, pero el año sí. 1957. El año en que un tal Richard W. Boogart empezó a rastrear Milán buscando el lugar adecuado para levantar lo que en aquel momento era una utopía y que con el tiempo se convirtió en el principio de todo. El primer supermercado europeo. Boogart venía de Kansas, trabajaba para Rockefeller y en su país iba por ahí en Cadillac y con sombrero de cowboy. En Milán, en cambio, iba siempre a pie o, cuando le parecía, en un 500. Él y los suyos trabajaron como mulas durante meses, y al final consiguió abrir su supermercado. Años más tarde se convertiría en el famoso Esselunga.

Para comprender ahora bien el alcance del evento es ne-

164

cesario imaginar el efecto que un supermercado pudo tener en aquel entonces en un mundo sin supermercados. Os ayudo: en el supermercado cogías las cosas tú mismo. Era algo tan absurdo que para definirlo había que hacer uso de una expresión americana: *self service*. En teoría era un paso atrás, en lugar de ser servido tenías que servirte tú mismo, sin que nadie te explicara nada y empujando además un carrito. Solo faltaba que te pusieran a limpiar. No te llevaban la compra a casa, no te saludaban personalmente y no conocían tus gustos. Un absoluto chasco, hablando en plata. Para compensar los precios eran un poco más bajos, las estanterías estaban llenas de productos, las luces bien estudiadas y la disposición de la mercancía espectacular. El carrito se deslizaba bien sobre el suelo limpio, y por alguna razón que no entendías, pero que posiblemente tenía que ver con cualquier buena publicidad o con alguna película americana que viste un domingo, te sentías el más guay del mundo empujándolo; como totalmente autónomo por el hecho de poder detenerte en un sitio y no en otro o en coger esto en vez de aquello; y quizás incluso libre (sí, libre), un ciudadano libre de elegir lo que quería y además capaz de hacerlo. Hacer la compra se convirtió en una especie de divertido ejercicio de modernidad, inteligencia, independencia y democracia.

Con todo, las crónicas dicen que los primeros tiempos fueron difíciles porque los italianos se revelaron más pobres y menos maleables de lo previsto. Pero empequeñeciendo los carritos y añadiendo alguna sección de helados o una freiduría, todo empezó a marchar de modo imparable. Richard W. Boogart pensó que había cumplido su misión cuando, en un arrebato de entusiasmo, un asilo, en Florencia, llevó a siete ciegos a «ver» uno de sus supermercados. Partida ganada. A partir de ahí el avance fue imparable: el primer hipermercado europeo es del 63 (un Carrefour en Francia); un año después, en un pequeño lugar cerca de Frankfurt, abrió el primer centro comercial en suelo no americano. Y así volvemos a mí, que voy a comprar seis vasos de vino, a la sensación de desastre, etc., etc.

Y uno dice: pero ¿es que nadie intuyó los riesgos del asunto? A este respecto, el libro de De Grazia es también muy instructivo. Cuando Boogart abrió sus supermercados tuvo a mucha gente en contra. Unos defendían sus propios intereses (el carnicero de la esquina), otros trataban de obtener algún provecho (típico hábito italiano) y muchos simplemente aludían a la implicación ideológica, es decir, el silencioso avance del modelo cultural americano (los comunistas, que eran muchos en Italia entonces). Sin embargo, nadie lograba esgrimir argumentos convincentes contra los supermercados. Los comunistas, que eran muy buenos en ese tipo de cosas, no pudieron hallar nada mejor que denunciar el hecho de que, al no fiar, los supermercados discriminaban a los más pobres, a los que, en la tienda de la esquina, pagaban cuando podían, tal vez para intentar contrarrestar la marea de la modernidad. Así fue como la absurda idea del supermercado demostró haber sido una jugada ganadora, y a la larga, una de las jugadas maestras que hizo que Estados Unidos ganara la partida cultural y económica en el tablero de ajedrez europeo. Ahora esa partida forma ya parte de la historia y revisarla de nuevo, como hace este libro, significa entender que el invento de los clubs Rotary, de la lavadora, de los detergentes, del western, de la publicidad y del 3x2 son solo piezas blancas movidas por una especie de jugador invisible, que sin embargo sabía muy bien lo que estaba haciendo y que no tenía intención de detenerse hasta haber ganado la partida.

Que después haya o no ganado *de verdad*, esa ya es otra historia.

Dario Voltolini
LE SCIMMIE SONO INAVVERTITAMENTE
USCITE DALLA GABBIA

«Leído y releído, sin saber nunca lo que estaba haciendo, aunque con la certeza de que él sí lo sabía.»

Qué fragilidad la de este libro. No debo mirarlo demasiado porque entonces desaparece. Escribiré dos frases a la vez y luego pausa, que no quiero incinerarlo.

De vez en cuando, escribir es así, un soplo que se detiene más allá de la nada y en ese extremo recoge las migas que caen rodando por el mantel de colores donde las cosas son ruidosas y ciertas. Aunque también podría decirse que a veces la escritura se detiene en el borde del río y allí tumbado, un poco vago, un poco astuto, deja que sea el agua la que le traiga las cosas ruidosas y ciertas, después de muertas. Este libro, de largo título y aliento breve, es una cosa y la otra. Antes de que sea demasiado tarde, lo quiero meter en esa cadena de libros a los que les estoy agradecido porque entre tanto energúmeno de espíritu y musculoso de alma no podría soportar que faltara un poco de belleza frágil, indigente. ¿Qué idea de mundo sería, si no? La mía no, desde luego.

Para empezar, el libro está medio en blanco. Nada de vanguardismo, es que Voltolini (sí, ese que dijo: «He leído a Bolaño y he cambiado de oficio») cambia de renglón cada pocas palabras, a veces incluso cada dos, o cada una, por lo que el libro resulta como escrito en verso, es decir, medio en blanco. Pero no es un poema, os ruego que me creáis, no tiene mucho que ver con la poesía. La poesía tiene siempre una fuerza devastadora (cuando tiene algo de valor), en cambio aquí es solo el paso milimétrico del viejecito jorobado subiendo la acera o la lenta mirada del niño observando un árbol o los zapatos de charol de un bailarín de tango al ralentí. Dice las cosas y las dice de ese modo a lo largo de 177 páginas y sin ningún signo de puntuación, solo ese constante cambio de renglón. La primera palabra empieza con mayúscula y no hay punto detrás de la última.

Es una especie de relámpago, muy lento, sin un antes ni un después. Es como cuando en mitad de la noche, conduciendo, se te cruza un animal y se queda ahí parado, en medio de la carretera; durante un instante se te queda mirando fijamente, con los ojos metálicos a la luz de los faros, y luego desaparece.

Vale, muy bien, pero ¿de qué demonios habla?, preguntaréis. De todo, diría yo, aunque puedo ser más concreto y deciros que habla de barberos, acordeones, conservas, luciérnagas, mosquitos, carpinteros, autopistas, mercados, restaurantes, adoquines. De Milán, de un circo. En un momento dado aparece también Arbasino. Es un *todo* muy particular que sabría explicar únicamente del siguiente modo: si alguna vez —y esto pasa sobre todo cuando se está muy cansado— os habéis evadido de la lectura del mundo, del esfuerzo diario y necesario de leer el mundo como si fuera un texto que hay que entender, entonces sabréis qué significa ver desaparecer en la lejanía cualquier significado global, y a lo mejor también sabréis algo de ese repentino alivio que se siente —casi una felicidad— al tener delante, sin ningún fin aparente, todas las letras del mundo —no palabras ni frases—, solo *las letras*. Son momentos en los que el reflejo en un charco, como ya indicó Salinger, puede ser muy significativo. Coged esas letras, ponedlas sobre un folio en blanco, poco a poco, y si sabéis escribir como Voltolini, escribiréis un libro como este, siempre y cuando os pueda interesar hacerlo.

El modo de escribir (de Voltolini) tampoco es fácil de definir, podría ser, por ejemplo, un punto de partida reiterar que no tiene nada que ver con el modo de escribir poesía. Consigue estar un paso por delante de la escritura pura y simple y un paso por detrás de la acrobacia poética. Ahí en medio hay una forma de belleza que pocos consiguen y que, incluso para esos pocos, es una especie de resultado provisional, una cadena que enlaza un fracaso tras otro: en cualquier caso el suyo es un modo de estar precario. No me apetece poner ejemplos, claro que en la página 133, cuando arrastrado por quién sabe qué, se llega a una oficina de correos, pasa una chica que, yo diría, *tiene ojos de almendra*. Un poeta, por su parte, seguro que hallaría una expresión bellísima para dar a la simplicidad rudimentaria de las cosas el talento sublime de su lenguaje. Entre el poeta y yo, ahí en medio, está Voltolini. «... pero detrás de un carro lleno de cajas vacías / una chica con pantalones ajustados / empuja y tira de él / tiene ojos copiados de una almendra y en su esfuerzo medio ausente / se le queda cerrada la boca diminuta como un pistacho...».

Unas veces se desliza en otra forma de escritura célibe, la de las canciones. Puede que esté loco, pero de vez en cuando leo a Voltolini y oigo sus palabras que cantan solas. «... hacer el amor en Génova / es un acto de humildad / con todo ese mar que se vierte en la tierra / con toda la tierra que baja hasta el mar / por la ventana se ven pasar / a pocos metros automóviles suspendidos». Yo ya le daría el Premio Tenco. Otras veces un furor incomprensible se apodera de él y entonces sale con diatribas irresistibles: «... habéis vivido vida sin sustancia / habéis hecho cosas sin sentido / y os gustabais / os enorgullecía sentiros un poco abandonados / un poco fuera de lo común un poco originales / todo en mínimas cantidades / desperdiciabais tardes en casas / vacías haciendo ulular la Fender Stratocaster / quién sabe lo que pensabais que hacíais / que erais / nadie erais y nada habéis hecho...», quién sabe lo que le pasa por la cabeza en ese momento, aunque solo sea un momento; luego vuelve a fijar las letras del mundo, apaciblemente, una a una: «... un árbol lleno de limones proyecta su sombra sobre una silla que se quedó ahí, en el patio / una esfera de aire se quedó enganchada en sus hojas...». Él es así, y no se puede hacer nada.

Una cosa sí, leerlo, eso es lo que podéis hacer.

Anka Muhlstein
NAPOLÉON À MOSCOU

«Como ya os habréis dado cuenta, adoro los libros que hablan de derrotas. No podía dejar de lado la admirable caída del más grande de los vencedores.»

Esta historia tiene doscientos años exactos. Soy consciente de que hay que eludir toda la marea de sufrimiento que les costó a seres humanos como nosotros, pero no se puede negar que, desde un punto de vista narrativo, sea un episodio magnífico. Este libro lo cuenta muy bien y por tanto es una excelente ocasión de descubrir su inolvidable alcance.

Napoleón terminó invadiendo Rusia con 400.000 hombres para desmoralizar a los ingleses. No era un razonamiento muy bien elaborado y, de hecho, muy pocos lo entendieron. Tampoco tenían las ideas mucho más claras los muertos en las trincheras de la Primera Guerra Mundial o los caídos en Vietnam. Las partidas entre los más potentes a veces son tan refinadas que llegan a ser absurdas: surrealistas carnicerías.

El caso es que se pusieron en marcha y el espectáculo tenía que ser fascinante. Para que os hagáis una idea, entre los oficiales había quien se llevó consigo la vajilla de cristal y serían unas cien mil las reses que desfilaban serenamente tras la gran marea humana, como una especie de despensa móvil. El resto os lo podéis imaginar. Napoleón, que era de los más sobrios, se llevó, entre otras cosas, una pequeña biblioteca de viaje de unos tres mil volúmenes. Era un maniático del detalle, de modo que hizo que le imprimieran todo en un papel muy sutil y con márgenes estrechísimos. Y así fue como se convirtió en el dueño del mundo.

Atravesaron la frontera el 22 de junio de 1812. Como

171

no eran pocos y la frontera era un río, tardaron tres días en cruzarlo. Hallaron un pueblo devastado que no conocían y del que ni siquiera existían mapas decentes. Y hasta aquí todavía era todo aceptable. Lo que los dejó atónitos fue ver que ese pueblo estaba vacío. Se habían ido todos. Esto sí que era algo que no conocían, una jugada que nunca habían visto.

Por si no lo sabíais, aquel 22 de junio, el zar Alejandro estaba de baile en un bonito castillo de los alrededores de Vilnius. Sus generales, para los que combatir contra Napoleón era algo parecido a jugar contra el Barcelona de Guardiola, optaron por una solución provisional, ganar tiempo y organizarse. Con lo que los 400.000 de Napoleón, preparados para derribar la puerta por la que se entraba a Rusia, se encontraron con la puerta abierta y la casa vacía. Vacía literalmente, no solo no había un ejército esperándolos, es que no había ni siquiera gente. Habían desaparecido todos.

Entonces siguieron avanzando estupefactos por un desierto, extenuados por el verano ruso de sol inclemente y aguaceros bíblicos. No encontraron agua ni comida, no entendían lo que estaba pasando y, sobre todo, no encontraron a nadie contra quien combatir. Como bien sabía Napoleón, los ejércitos, sobre todo el suyo, son animales que viven de la lucha y se consumen con la espera; un ejército que no combate es un ejército que está perdiendo. Antes de fin de mes, Napoleón contó las bajas y se dio cuenta de que habría perdido el mismo número de hombres si hubiera combatido todos los días. El asunto se estaba poniendo feo.

Tuvieron que esperar al 27 de julio para por fin avistar las tropas del ejército ruso. Se habían situado en un altiplano, defendiendo la ciudad de Vítebsk. Los franceses los miraban, de lejos, del mismo modo que los niños miran los regalos de Navidad, todavía envueltos en papel. Napoleón se pasó el día calculando todos los detalles de la batalla. Sus soldados, en un santiamén, recuperaron todo el ardor por el que eran conocidos y temidos. Se acostaron todos con el sabor de la gloria. Se despertaron a una hora decente y los rusos habían desaparecido. Habían dejado el fuego encendido toda la noche y se habían ido. Resultó imposible saber qué dirección habían tomado, no se dejaron nada atrás, ningún rastro, nadie a quien poder interrogar. Desaparecieron en la nada.

¿No es una partida fascinante? Pensad además que estas son solo las jugadas de apertura, lo mejor estaba aún por venir. Napoleón la jugó enfrentándose a un jugador invisible cuyas jugadas eran incomprensibles. No era fácil entender si estaba ganando o perdiendo esa guerra. La decisión que tuvo que tomar reiteradamente era si detenerse y declararse vencedor o seguir avanzando hasta que el zar se declarase derrotado. Sabía que tenía que darse prisa en decidir lo que fuera porque el invierno ruso lo esperaba como una trampa mortal. Estaba rodeado de gente que consideraba que seguir adelante era una locura, pero que nunca se iba a echar atrás si él optaba por la locura. Me resulta difícil imaginármelo allí en su tienda, inclinado sobre el tablero de ajedrez. Pero conozco uno de sus principios que siempre consideré genial por su simplicidad y es que no existen planes acertados o equivocados, ni reglas mejores que otras. Existen solo planes que vencen y esos serán los que establezcan las reglas que otros, ingenuamente, adoptarán como reglas justas.

Aplicadlo a vuestra vida diaria y descubriréis que no estaba para nada equivocado.

Beppe Fenoglio
LA PAGA DEL SÁBADO

«Lo descubrí por casualidad cuando estaba convencido de haberme leído ya todo Fenoglio. Una fulgurante sorpresa.»

A veces, cuando viajo por el mundo, hay quien me pregunta quiénes son para mí los grandes de la literatura italiana. Se esperan que les ratifique que es Calvino; en cambio yo, por perfidia, a Calvino no lo menciono nunca y en su lugar les respondo: Fenoglio, naturalmente. Ni una sola vez alguien me dijo que le sonaba. No lo conoce nadie. Me hacen repetir el nombre mil veces. Consideran que es una rareza mía.

Sin embargo él era realmente grande, y el hecho de que incluso en Italia sea conocido solo hasta cierto punto es probablemente la consecuencia del tipo de persona que era, de su extraño vínculo editorial y de su inexorable piamontesidad. Vivió enrocado en un rincón del Piamonte, nunca fue combativo respecto a su destino y era exageradamente decente en todo lo que hacía. Contaba cosas incómodas, cogía el tren a Roma muy a su pesar y murió demasiado pronto. Gente con la mitad de su talento aparece ahora en los libros de texto del colegio. Cosas que pasan.

La mayoría conoce *El partisano Johnny*, aunque es probable que lo mejor que haya escrito esté en alguno de sus cuentos y quizás en la novela corta *Un asunto privado*. Después hay por ahí una pequeña secta que secretamente sabe que en realidad la verdadera joya es *La paga del sábado*. Un libro poco conocido y además ausente de la colección que hizo la Pléiade. Vittorini, jefe de la editorial Einaudi, pensó que era mejor no publicarlo y aconsejó a Fenoglio que seleccionara de él un par de cuentos. Inexplicablemente, Fenoglio le dio las gracias y obedeció. Así fue como *La paga del sábado* terminó siendo una especie de callejón sin salida, que he tardado algún tiempo en descubrir. Recuerdo haberlo empezado sin pretensiones, simplemente contento de que me quedara algún resto fenogliano por descubrir todavía. Y en cambio era el libro perfecto.

Vittorini juzgó que era demasiado cinematográfico (era 1950). Para que veáis lo extraña que es la inteligencia. Juzgó bien, pero no se le pasó por la cabeza que precisamente el mestizaje con el cine originaría un nuevo género literario, tal y como nos habían enseñado los americanos. Lo cierto es que a comienzos de los años cincuenta Fenoglio, con toda naturalidad, hacía el tipo de literatura que treinta años más tarde se convertiría en la nueva literatura italiana. Estaba condenadamente adelantado. Pero como todo buen profeta era también suntuosamente antiguo, con ese lenguaje suyo duro, arcaico, pétreo y vagamente dialectal. Hacía cine, pero un cine brumoso, campesino y escéptico. Relataba rápido, encuadraba como Dios, escribía diálogos dignos de un Hemingway, pero todo con una gramática espinosa, una voz arcaica y una música de salón de baile otoñal y lejana. Era el futuro y el pasado al mismo tiempo, era ciudad y campo, alba y ocaso. Algo que muy pocos consiguen.

En *La paga del sábado* contó la historia de aquellos que, siendo muy jóvenes, volvieron de la Resistencia y no pudieron enfrentarse a la vida normal. Inadaptados. (Imagino que por aquellos tiempos no estarían tan contentos de leer historias de ese tipo.) Ahora, a toro pasado, es más fácil reconocer lo que había de eterno en eso que Fenoglio narraba: el choque fatal entre el infinito de la imaginación –de las ganas, la esperanza, la juventud, el hambre– y la esterilidad del mundo real. Tengo clarísimo que él podía hacerlo con esa exactitud y esa poesía porque era piamontés. Os hará gracia, pero la piamontesidad es un mito desconocido, y solo los que nacimos allí sabemos que esa tierra y su gente fue dotada de un conocimiento inusual de lo que es el dolor, puesto que en ninguna otra parte de Italia se hereda de padre a hijo la misma mezcla de timidez y rebelión, de arrojo y modestia. La mezcla es mortal: nos mostramos torpes en presencia de la felicidad y dignos en la adversidad. De este modo muchas veces nos perdemos el espectáculo de la vida, pero respetamos la dignidad como muy pocos. Esto hace que seamos gente taciturna muchas veces destinada a los títulos de crédito. Si algún privilegio se obtiene de todo esto es probablemente una mirada de acero, aunque muy dulce, hacia el dolor, una especie de familiaridad. Fenoglio es esa mirada, lo es en cada línea que escribe y lo es con una precisión y una maestría que no percibo en ningún otro.

(Vale, también somos maravillosamente arrogantes, en su justa medida, y absurdamente severos pero con arte. Héctor es el nombre del protagonista de *La paga del sábado*. Hacia el final lo ilumina una esperanza, una especie de sueño provinciano pero revelador; ve una gasolinera en la carretera, en medio del campo, un surtidor de gasolina, solo eso. Pero resalta, brilla. Entonces se detiene, lo mira, echa cuentas y ve un futuro. Él y su surtidor de gasolina. Un sueño. El amigo que lo acompaña también se emociona con la idea, se pone a imaginar y le dice que sería genial abrir un bar de comidas, al lado del surtidor, como los que se ven en las películas americanas; el surtidor y el bar de comidas. Sería fantástico, dice.

La respuesta de Héctor ocupa media línea. Toda mi tierra es esa de ahí.

«No. No quiero olor a fritanga en mi surtidor.»)

Charles Darwin
AUTOBIOGRAFÍA

«Lo encontré por casualidad en un puesto de libros usados. Aunque no creo que la casualidad exista cuando se compran libros en los puestos.»

Como dije hace cincuenta libros, escribir sobre libros que te gustan es un modo de escribir sobre ti mismo, sobre el modo en que estás en el mundo. Por esa razón me complace concluir esta alegre panorámica con una autobiografía, sin duda la mejor que he leído en estos últimos diez años. Fue Charles Darwin quien la escribió en 1876, es decir, seis años antes de morir y sesenta y siete después de nacer. La escribió sentándose a su escritorio una hora al día por la tarde. Metódico. No pretendía dejarse llevar por la luz del propio ocaso, al vals de sentimientos y recuerdos; simplemente se puso a escribir sobre su propia vida como podría haberlo hecho sobre un liquen. Del mismo modo en el que habría estudiado las escamas de una carpa de Borneo (invento) puso en orden las piezas de su vida registrando constantes y anomalías, sin ninguna efusión emotiva, pero sí con el afectuoso cuidado que pone el científico en su propio objeto de estudio. El resultado es una prosa serena y dulce, en ocasiones infantil, nunca inelegante y siempre precisa. Quisiera comunicaros oficialmente que si alguna vez conseguís hablar de vosotros mismos con ese tono y hacerlo con absoluta naturalidad, en ese momento estaréis salvados.

Sobre su incomparable trabajo como científico dio una definición en mi opinión maravillosamente sintética y limpia: «Desde los primeros años de mi juventud he albergado el firme deseo de comprender y explicar todo lo que observaba, esto es, de agrupar todos los hechos en leyes generales.» Al fin y al cabo se trata del hombre que desenmascaró al Padre eterno, con lo que se podría haber concedido cierto énfasis. Pero no, lo hizo con el mismo énfasis que habría podido escribir: «Desde mi más tierna juventud he albergado una viva aversión por la coliflor, al no poderla digerir o metabolizar sin padecer desagradables efectos secundarios.» Y con este mismo tono escribía sobre su vida, incluso sobre los momentos más apasionados: «Deseo dedicar algunas páginas a mi padre, que en muchos aspectos fue un hombre importante.» Y dos páginas después: «No creo que me haya beneficiado mucho, intelectualmente, de su presencia; aunque desde un punto de vista moral su ejemplo nos ha servido de lección a todos nosotros, sus hijos.» Era alguien que podía resumir de este modo una de las pruebas más difíciles de la existencia, tener un padre.

En otra de las páginas que adoro se detiene a señalar el modo en que la pasión por el trabajo científico con el tiempo acabó sustrayéndole cierta sensibilidad artística que, en cambio, tenía de joven. «Mi mente parece haberse convertido en una máquina que elabora leyes generales a partir de enormes cantidades de datos; pero lo que no puedo concebir es por qué esto ha ocasionado únicamente la atrofia de aquellas partes del cerebro de las que dependen las aficiones más elevadas.» Me gustaba Shakespeare, dice, recuerdo muy bien que de joven me gustaba muchísimo Shakespeare, ahora me parece un rollo tremendo («... lo encuentro tan intolerantemente pesado que me dan náuseas», son las palabras exactas). Si tuviera que vivir de nuevo, concluye, me impondría la obligación de leer algo de poesía y escuchar algo de música por lo menos una vez a la semana, pues tal vez de este modo se mantendría activa por el uso la parte de mi cerebro ahora atrofiada. Después de esto suelta una frasecita que dicha por mí no valdría nada, pero él es Darwin, con lo que dicha por él es irresistible, por su candor y simplicidad: «La pérdida de estas aficiones supone una merma de felicidad.»

De su vida privada dice bien poco o nada, y esa es otra lección que hay que aprender. Hay solo un corto capítulo sobre su estilo de vida, dos paginitas que están entre mis preferidas. «Pocas personas pueden haber vivido una vida más retirada que la nuestra.» Pero es la explicación lo que más me llama la atención: «Durante la primera parte de nuestra residencia aquí, hicimos cierta vida de sociedad y recibía a algunos amigos en casa, pero mi salud se resentía casi siempre a causa de la excitación, que me provocaba violentos escalofríos y accesos de vómitos.» Obviamente solo un naturalista podría anotar en su autobiografía la entidad exacta del temblor que le entraba cuando veía a sus amigos sin detenerse a pensar en la magnitud del hecho. Para Darwin era una simple cuestión de causa y efecto, emoción-temblor, sin ocurrírsele la idea de que un hombre que está obligado a vivir aislado porque cuando ve a sus amigos se emociona hasta el punto de vomitar, es una historia de dolor desconcertante y no un simple automatismo de la naturaleza. Dedica cuatro líneas a un asunto sobre el que se podría escribir todo un libro. Y eso que estaba hablando de sí mismo, de años de soledad, de un número escalofriante de noches pasadas en el silencio y en el aislamiento, ¡santo cielo! Cinco líneas. Más otras cuatro: «Por lo tanto, desde hace muchos años me veo obligado a declinar todas las invitaciones a comer; y esto ha supuesto para mí bastante privación, ya que aquellas reuniones me animaban siempre mucho.» Demoledor.

(Me había preguntado con qué palabra acabaría esta historia que ha durado un año, y ahora me encuentro ante este *demoledor*. No sé. No está mal, aunque, claro, *lavabo* o *reflejo* me habrían gustado más. Más leves. También *lejos* habría sido un buen final. O *blanco*.

He aquí algo que nunca se consigue tener bajo control: lo que queda al final, lo que emerge cuando lo hecho hecho está y lo que permanece es el merecido alivio de algún *fin.)*

ÍNDICE

Impreso en
Liberdúplex, S. L. U.,
ctra. BV 2249, km 7,4 - Polígono Torrentfondo
08791 Sant Llorenç d'Hortons